『授業力＆学級経営力』
PLUS

“Let’s Try! 1&2”の
授業＆評価プラン

菅　正隆 編著
千早赤阪村立千早小吹台小学校 著

小学校
外国語活動

明治図書

序文にかえて

大阪樟蔭女子大学教授　菅　正隆

学習指導要領改訂により，2020年４月より，小学校３，４年生で領域としての「外国語活動」が行われることとなった。これを踏まえ，2018（平成30）年４月より，２年間の移行期間がスタートした。文部科学省としては，この間，「外国語活動」を年間最低15単位時間（１単位時間45分）行うこととしている。そして，国からは，小学校３年生には，「外国語活動」のテキストとして“Let’s Try!１”が，４年生には“Let’s Try!２”が配布されている。これらをいかに取り扱うか。それによっては，子どもたちの反応も大きく異なることになる。今，さまざまな年間指導計画を目にすることがあるが，具体的なイメージをもたない中で，カリキュラムをコピーアンドペーストして授業をしているのでは，子どもたちを英語嫌いにする可能性も出てくる。つまり，テキストを使用しながら，どのような授業が想定されるのかも考えずに指導計画が立てられており，授業そのものが危険性を孕んでいるのである。

“Let’s Try!”は，そもそも平成23年度に完全実施された「外国語活動」で使用された日本初のテキスト『英語ノート』を土台として，その次に内容を踏襲して作られた“Hi, friends!”，そして，それらに続く第３弾のテキストにあたる。これらは，おおむね小学生の現状を踏まえ，「外国語活動」の目標や理念に則って作成されている。“Let’s Try!１”も，他のテキストと同様に使いやすく，導入としては適切なものとなっている。しかし，それに続く“Let’s Try!２”は内容も豊富で難しく，ここを乗り切れない場合には，さらに難しい“We Can!”で多くの子どもたちをつまずかせることになるであろう。

そこで，本書の授業＆評価プランを読んでいただき，授業のイメージをもち，子どもの状況に合わせて，実際の授業に望んでいただきたいと思う。

また，評価についても，本書では子どもたちが英語を好きになるような文言，元気になるような文言を意識し，新しい３つの観点，「知識・技能」「思考力・判断力・表現力等」「主体的に学習に取り組む態度」で評価しているのも役に立つところである。

いずれにしろ，本書はこのような新しい指導の在り方や評価の考え方にも対応できるように編集している。本書を活用していただき，移行期間及び完全実施に向けて対応できる指導力を身につけていただくとともに，５年生及び６年生の教科「外国語」につなぐ適切な評価が下せるよう，スキルアップを図っていただきたいと思う。

最後に，本書を作成するにあたっては，千早小吹台小学校長當麻裕彦先生，英語担当大門賀子先生をはじめ，千早小吹台小学校の教職員の皆様には，大変お世話になった。心よりお礼を申し上げたい。また，明治図書出版の木山麻衣子氏には大変お世話になった。心よりお礼を申し上げたい。

はじめに

大阪府千早赤阪村立千早小吹台小学校長　當麻裕彦

大阪府で唯一の村，千早赤阪村では，平成14年度より，文部科学省の研究開発学校園の指定を受け，「コミュニケーション能力を育てる」を研究テーマに，村内の幼稚園・小学校が一体となって「英語活動・英語科」「情報活動・情報科」の研究をスタートしました。さらに平成17年度より３年間，同じく文部科学省の指定を受け，同じ研究テーマのもと，村内全幼稚園・小学校・中学校が連携して研究を進めてきました。そして，平成23年度に学習指導要領が完全実施となり，全国で外国語活動の学習も始まりました。この間も本校では，教育課程特例校として，独自の教育課程を編成し，シラバスの作成や独自の教材開発を行い，学級担任主導の外国語活動を第１学年から毎週１単位時間実施してきました。

外国語でのコミュニケーションは，日本語でのそれに比べて，子どもたちがお互いを理解し合うことに大きく寄与しています。例えば，モデルとなる子どもが “How are you, Noriko?” と尋ねると “I am super.” と答えることはよくあることです。しかしその後で，聞いている全員の子どもが “Oh, nice!” “Wonderful!” “Good!” とそれぞれに相づちを打ちます。授業の中で，好きな色を尋ねても，飼いたいペットを尋ねても相づちを返すことを本校では大切にしてきました。なかなか日本語の会話では行わないことを外国語の授業ではできるので，活動内容の工夫によってお互いが温かい気持ちになることもできます。６年間少人数でクラス替えもなく進級する子どもたちは，大勢の前に出るとどうしても引っ込み思案になるところがあります。しかし，外国語でのコミュニケーションで自信をつけ，臆せず自分を表現できる子どもたちも増えてきました。このことは，「積極的にコミュニケーションを図ろうとする態度の育成を図り，外国語の音声や基本的な表現に慣れ親しませながら，コミュニケーション能力の素地を養う」という外国語活動の目標に迫るものです。

平成30年度から新学習指導要領の移行期間となり，小学校３・４年生の外国語活動向けに，この新教材の「英語を聞いたり，話したりすることに慣れて関心を持たせ，高学年以降の本格的な学習につなげる」というねらいに沿って，外国語活動をどのように展開し，どのような教材教具を使って行えばよいかについて，授業研究と教材開発も積み重ねてきた本校の具体的な実践をまとめました。また，各単元の構成から，１時間１時間を楽しく活動できる授業の具体的な姿がわかるように努力しました。本書を授業の参考にしていただき，子どもたちがお互いを理解し，生き生きと楽しく活動できる授業の一助となりましたら，たいへんうれしく思います。

最後になりましたが，本校の研究について，長年にわたりご指導ご助言をいただき，また，執筆という大変貴重な機会を与えてくださり，執筆内容についてもきめ細やかなご指導をいただきました大阪樟蔭女子大学の菅正隆先生に心より感謝申し上げます。

CONTENTS

Chapter 3
"Let's Try!2"
35時間の学習指導案 & 評価マニュアル

＊Unit のポイント：単元のねらい，覚えたい英語表現，言語活動成功のポイント
＊学習指導案：単元，主題，ねらいと評価のポイント，準備，展開

本書の特長と使い方

本書は，領域「外国語活動」の第３学年で使用する“Let's Try! 1”の35時間分と，第４学年で使用する“Let's Try! 2”の35時間分を１時間ごとに作成した授業指導案集です。

Chapter 1 では，“Let's Try! 1 & 2”を使用する際のポイントを５点示しています。Point 1 では，“Let's Try! 1 & 2”の指導目的や指導の在り方についてまとめています。Point 2 では，“Let's Try! 1 & 2”を使用して，いかに言語活動を充実させるかについて具体的に示しています。また，Point 3 では，授業を行う際のスキルアップの方法について，Point 4 では，各学校が作成する年間指導計画のポイントについて具体的に示しています。そして，最後の Point 5 では，領域としての「外国語活動」の評価のポイントを具体的に示しています。

Capter 2 では，“Let's Try! 1”の授業案に先立ち，「Unit のポイント」として，単元ごとのねらいや学習する英語表現，授業を成功させるための秘訣を示し，単元全体を俯瞰していただくように工夫しています。そして，各時間の「学習指導案」では，単元，主題，ねらいと評価のポイント，準備，展開と授業がイメージできるように具体的に明記しています。そしてその後，“Let's Try! 1”35時間の評価マニュアルとして，すべての単元に関する「指導要録記入例＆通知表文例集」「評価補助簿」，そして，「振り返りカード」を用意しています。

Capter 3 では，Capter 2 と同様に，“Let's Try! 2”の「Unit のポイント」と「学習指導案」，「指導要録記入例＆通知表文例集」「評価補助簿」「振り返りカード」を加えています。

そして，本書を使用していただき，各学校の子どもたちの実態に応じて，さらに効果的に授業を行っていただくために，以下の点に留意していただきたいと思います。

1　Capter 1 の Point 4 にある「年間指導計画の作成のポイント」を参考に，各学校の実授業時間数と照らし合わせ，柔軟な考えで組み替えを行っていただきたいと思います。

2　各授業案のねらいと評価のポイントは，あくまでも参考例であり，先生方の目の前の子どもたちの状況に合わせて，適宜変更していただきたいと思います。

3　評価については，2020年度から使われる３つの観点「知識・技能」「思考力・判断力・表現力等」「主体的に学びに向かう態度」で示しています。移行期間中は，現行の観点に加えて，新しい観点内容を取り入れた文言にするのが，これからの外国語活動に向けて子どもやその保護者への理解，そして先生方の指導力向上にもつながると考えています。表記は以下のとおりとしています。

〇知識・技能　→本書では（知識・技能）
〇思考力・判断力・表現力等　→本書では（思考・判断・表現）
〇主体的に学びに向かう態度　→本書では（態度）

Chapter 1

新教材 “Let’s Try! 1&2” 攻略ポイント5

1

Point1
徹底研究！“Let’s Try!1&2”指導のポイント

1．外国語活動の目標

平成23年度より導入された「外国語活動」の目標は，「外国語を通じて，言語や文化について体験的に理解を深め，積極的にコミュニケーションを図ろうとする態度の育成を図り，外国語の音声や基本的な表現に慣れ親しませながら，コミュニケーション能力の素地を養う」ことでした。これを図式化すると図Ａ（次ページ）のようになります。

ここでいう素地とは，中学校から始まる英語教育における知識や技能を下支えする，言語や文化に対する体験的な理解や積極的にコミュニケーションを図ろうとする態度，そして，外国語の音声や基本的な表現への慣れ親しみのことを指しており，具体的には，「英語は楽しい」「人前でも恥ずかしがらずに大きな声で英語を話すことができる」など，英語に対する興味関心や英語への抵抗感を肌で感じないような情意面のことを指しています。この点が育つことにより，子どもたちは英語を積極的に使い始めるようになるのです。

また，2020年度より実施される第３，４学年での「外国語活動」の目標は，「外国語によるコミュニケーションにおける見方・考え方を働かせ，外国語による聞くこと，話すことの言語活動を通して，コミュニケーションを図る素地となる資質・能力を次のとおり育成する」ことを目指しています。

(1)　外国語を通して，言語や文化について体験的に理解を深め，日本語と外国語との音声の違い等に気付くとともに，外国語の音声や基本的な表現に慣れ親しむようにする。
(2)　身近で簡単な事柄について，外国語で聞いたり話したりして自分の考えや気持ちなどを伝え合う力の素地を養う。
(3)　外国語を通して，言語やその背景にある文化に対する理解を深め，相手に配慮しながら，主体的に外国語を用いてコミュニケーションを図ろうとする態度を養う。

これらから，２つの学習指導要領の外国語活動の目標は大きくは変わっておらず，平成29年改訂の「外国語活動」の目標の中に，平成20年新設された「外国語活動」の「内容」の項目を加えた形となっています。したがって，中心となる目標はコミュニケーション能力の素地（コミュニケーションを図る素地）を育てることにあります。

つまり，第３，４学年の「外国語活動」で子どもたちの英語に対する情意フィルター（抵抗感）を下げ，自ら進んで英語を聞いたり話したりする子どもを育て，第５学年から始まる教科「外国語」につなげていくことが求められているのである。

2. 資質・能力を育てる指導の在り方

これらの学習指導要領から，これまで小学校で行われてきた「外国語活動」をこれからも踏襲することが求められています。つまり，単語や表現を読んだり書いたりして知識として定着を図ったり，正確さを求めたりするなど，昔の中・高等学校でよく行われてきた知識偏重型や教師中心型の授業ではないということです。

具体的には，「聞くこと」や「話すこと」を中心に据え，さまざまなコミュニケーション活動（言語活動）を通して，語彙や表現を体得していくということです。これは，赤ちゃんがお父さんやお母さん，おじいちゃんやおばあちゃん，兄弟姉妹，近所の人たちからの話しかけや，テレビやCDなどからの音声を聞き，脳の言語中枢を発達させ，徐々に言葉を聞き分けたり，言葉を発したりしていく流れに似ています。そして，その後に「読むこと」「書くこと」の技能を育てることになります。

したがって，図Bにあるように，小学校中学年では，「聞くこと」「話すこと」の技能面を育て，それらを通してコミュニケーションの素地を養い，小学校高学年から始まる「読むこと」「書くこと」につなげていこうとするものです。これは，非常に理にかなっており，もし，導入期から「読むこと」「書くこと」を始めると，従来の中学校で一度に４つの技能「聞くこと」「話すこと」「読むこと」「書くこと」を行ってきたために，「聞けない」「話せない」日本人を多く輩出してきたことをまた繰り返すことになります。これは，歴史が証明しています。

これらの点を踏まえて，子どもたちに無理な負荷をかけることなく，外国語活動を「楽しい」「よくわかる」「もっと勉強したい」「読んでみたい」「書いてみたい」と思わせるような指導にしていくことが求められるのです。

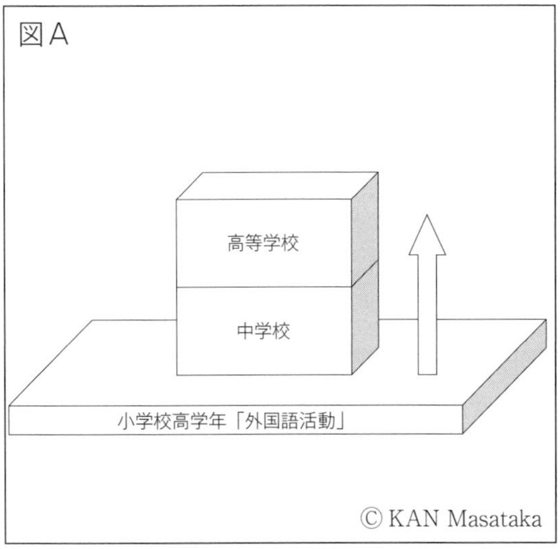

A．従来の「外国語活動」のイメージ
（小学校学習指導要領：平成20年３月28日改訂）

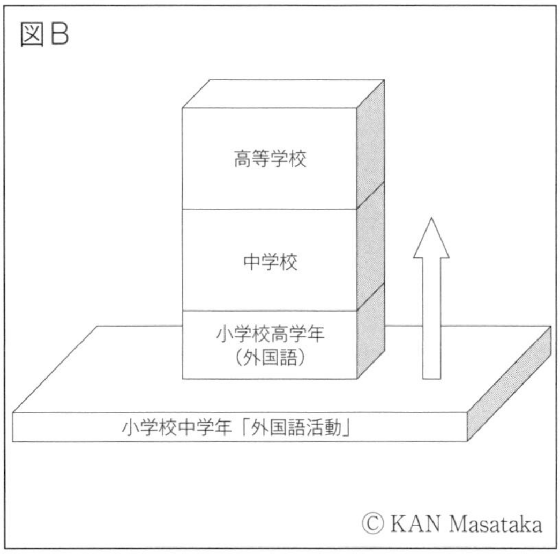

B．これからの「外国語活動」のイメージ
（小学校学習指導要領：平成29年３月31日改訂）

Point2
言語活動を充実させるポイント

1. Let's Try!1　導入期に注意したい点

はじめて英語に触れる子どもたちに対して，最も注意したい点は，英語への抵抗感を感じさせないようにするために，まず，担任が自ら楽しそうな顔やうれしそうな顔で子どもたちに接することです。これは，外国人のALT（Assistant Language Teacher）とのティーム・ティーチングの場合でも同様で，ALTにも笑顔で子どもたちに接するように話をしておきたいものです。国立教育政策研究所のデータにも，「外国人に話しかけられたらどうしますか」の問いに，「逃げる」「黙っている」と答える子どもが20％近くいることがわかっています。クラスの中には外国人に慣れていない子や，お兄ちゃんやお姉ちゃんから「英語は難しくてわけがわからない」などと聞いている子もおり，先入観で英語に対するイメージが悪くなっている子もいます。それらを払拭するためにも，まずは笑顔で授業を進め，笑顔で子どもたちと接することが必要になります。

2. Let's Try!1&2　必然性を考える

ペアになって，隣の子と表現練習をするとします。

A：What's your name?	B：My name is Kamei Yui.
A：When is your birthday?	B：My birthday is October 5th.

このような練習をしたとしても，子どもたちは，なぜ知っている名前を聞くのか，なぜ興味もない相手に誕生日を聞かなければならないのかと心のどこかで思っているはずです。つまり，この表現を使う必然性がどこにもないからです。心から名前を聞きたいと思うから“What's your name?”を使い，誕生日を知りたいから“When is your birthday?”を使うのです。それが表現を定着させるために，中・高等学校のようなパターン・プラクティスを行うのでは，英語は面白くなく難しいと感じさせることにつながります。あくまでも，その表現が使われる必然性のある場面や状況をつくり出して，言語活動を行わなければなりません。例えば，“When is your birthday?”の表現を使用させたいのであれば，「クラスの友だちの中で，何月生まれの人が一番多いか調べてみよう」や「クラスの友だちの中で４月生まれの人を一番多く見つけた人が勝ち」とするゲームなどをつくり出すことです。これらこそが，やらされている感がなく，目的に向かって無意識に英語を使う状況となっていくのです。そして，勉強をしている意識もないまま，表現は刷り込まれていくのです。つまり，やらされている感，勉強であるという意

識，英語は難しいという意識などの情意フィルターを低くしてあげれば，どんどん子どもたちは英語に慣れ親しんでいくのです。

同じように，“What time do you get up?” の表現を取り扱う際にも，ペアやグループで会話をさせたとしても，興味がないのに聞かされている感だけが残ります。この場合には，「クラスで，一番早く起きる人を探しましょう」などのゲームをつくると，子どもたちは多くの友だちと会話をし，クラスで一番早く起きる人を必死になって探し出します。これも，目標は表現に慣れ親しませたり，定着させたりすることではありません。あくまでも目標は，「一番早く起きる子どもを見つけること」です。したがって，表現はそのためのツールでしかありません。ここに言語活動の成功のカギが隠されているのです。あくまでも，目標は子どもの興味関心を引くような内容として，表現は常にツールとして使う活動を組むことが必要なのです。

3. Let’s Try!1&2　達成感・成就感を体験させる

子どもにとって英語は未知のものです。しかも，アルファベットや英単語は子どもたちの目には記号として映っています。それを学ぶわけですから，苦手意識や最悪の場合には嫌悪さえ感じる子どもも出てきます。このようなことを避けるためにも，さまざまな活動において，子どもたちに「できた！」「わかった！」「伝わった！」などの達成感や成就感を何度も体験させることです。これが自信となって，「楽しい」「もっと知りたい」「もっと学びたい」という気持ちにつながっていくのです。このような体験ができる活動には，例えば，時間制限を設けて時間内にできる体験をさせたり，英語を使ったクイズを作らせて，友だちにクイズを出させたり，ALT の英語を聞かせて，わかったことを発表させたりするなど，子どもたちを受動的に活動させるのではなく，常に能動的に活動させることが大切です。

4. Let’s Try!2　知的な楽しさを体感させる

「楽しい」と一言で言っても，「楽しい」には２つの意味があります。それは，fun の意味と interesting の意味です。ゲームや遊びのようにただ面白い「楽しい」は fun で，導入期には必要な部分でもありますが，これが，学年が上がり，知的レベルも上がると，ゲームでは飽き足らなくなります。子どもっぽくて楽しくないと感じると，積極的に活動に参加しなくなる子どもも出てきます。それが４年生頃からだと考えられます。そこで，Let’s Try!２からは，さまざまな知的負荷を活動に加えます。子どもたちが思考する場面，考えながら動く場面などを想定して活動を組みます。例えば，スリーヒントクイズを考えてみます。通常，担任が一方的にヒントを出して，子どもたちが答えるのが一般的ですが，逆に，子どもたちがクイズを考えて，グループで出し合ったり，担任に出したりと，子どもが思考する場面を多くつくり出します。ここから，できた喜びと，思考から深い学びへとつながる面白さを感じるようになります。これが，interesting の「楽しい」なのです。

Point3
外国語授業のスキルアップ術

1. 子どもをほめる言葉がけをする

小学校３，４年生にとって英語の世界は未知のものばかりです。文字，綴り，語順，発音，イントネーション，英語の問いかけ，活動のルール等，わけのわからないことばかりで不安になるのは当然です。子どもたちのこのような不安を取り除くのが，教師からの子どもへの声かけとほめ言葉なのです。よく，「ほめ上手は授業上手」と言われます。まさに，外国語活動にとって，ほめることが最大の効果を生み出します。教師は子どもたちの状況を把握し，気持ちをおもんぱかって，笑顔でほめることが必要です。もちろん日本語でもよいでしょう。しかし，ここは英語をうまく使って声をかけたいものです。教師の何気ないほめ言葉が，子どものやる気に火をつけ，本気モードに変えることは難しいことではありません。また，がんばったのにうまくできなかった子，間違った回答を出して意気消沈している子どもへの声かけやほめ言葉も忘れてはいけません。もし，このような時に叱責したり声をかけないでいたりすると，「わけのわからない英語→考えたけれどわからない英語→間違ってしまう英語」と感じながら，英語に対する情意フィルターが上がり，英語嫌いを生み出してしまうのです。

それでは，どのような言葉をかけるとよいのでしょうか。以下にまとめてみます。状況によってはクラス全体に聞こえるように言う場合と，その子どもにだけ聞こえるように言う場合とが考えられます。子どもたちの受け取り方を勘案しながら，言葉を発したいものです。

⑴答えなどが正解の場合：「正解ですよ」That's right!
⑵できたことをほめる場合：「よくできました」Good!　Great!　Good job!　Well done!
⑶さらにほめちぎる場合：「すごい，すばらしい」Wonderful!　Excellent!　Marvelous!
⑷考え方をほめる場合：「いいアイデアだね」Good idea!
⑸努力をほめる場合：「よくがんばったね」You did a good job!
⑹成功したことをほめる場合：「おめでとう」Congratulations!
⑺改善してきたことをほめる場合：「よくなってきたよ」You're getting better.
⑻感謝の言葉を言う場合：「どうもありがとう」Thank you very much.
⑼拍手を促す場合：「結衣さんに拍手しましょう」Let's give Yui-san a big hand.
⑽答えが惜しい場合：「惜しい」Close!　Almost!
⑾途中であきらめている場合：「あきらめないで」Don't give up.
⑿不安になっている場合：「心配しなくていいよ」Don't worry.
⒀もう一度がんばらせる場合：「もう一度やってみよう」Try it again.　One more.
⒁がんばりを促す場合：「がんばって」Good luck!　Do your best.

2. クラスルーム・イングリッシュとスモールトーク

外国語活動は英語を取り扱う科目であることは当然です。子どもたちにさまざまな活動を通して，英語に慣れ親しませることを目標としています。このような目標を達成するためには，当然ながら，教師もできる限り英語で授業を進めることが求められます。もちろん，英語が苦手とおっしゃる方も多いことでしょう。そこで，まずは，英語を使ってみることから始めます。挨拶や指示，ほめ言葉や授業を進める上での基本表現を英語で言ってみることです。はじめはなかなか慣れないものですが，徐々に使えるようになります。まずは，恥ずかしがらずに使ってみることです。子どもたちに恥ずかしがらずに英語を話させようとする教師が自ら英語を使わないのでは，子どもも使わなくなる可能性があります。教師は子どもたちの目標でありヒーローです。とにかく，英語使用の壁を乗り切ることです。発音やイントネーションに自信がない場合には，ALT や英語の堪能な教師に尋ねてみることです。恥ずかしいことではありません，専門ではないのですから。

また，クラスルーム・イングリッシュは子どもたちの聞く力を飛躍的に向上させると思っている方もいますが，これは大きな間違いです。クラスルーム・イングリッシュは子どもたちの英語に向かう気持ちを助長し，外国語活動の雰囲気づくりの意味合いが大きいものです。さまざまな言語活動を行う場合，教師から日本語で説明を受け，脳が日本語モードのまま，英語を使用するのであれば，英語に慣れ親しむまでにはなりません。

では，子どもたちの聞く力を向上させるためには，どのようなことをすればよいのでしょうか。それには，スモールトーク（ティーチャーズ・トーク）が効果的であることが知られています。授業のはじめなどに，教師が，昨日あった出来事，楽しかったこと，悲しかったこと，クラスの子どものことなど，子どもたちの興味関心を引くような内容について，短い英文を聞かせることです。この際，授業内容に触れるのであれば，オーラル・イントロダクション（口頭での内容説明）にもなります。

例えば, Let's Try! 1 の Unit 7 のイラストに関連し, 次のようなスモールトークを聞かせます。

Hello. Look at this. This is an amusement park. Do you know an amusement park? Yes. USJ or Tokyo Disneyland. Mai-san, do you like Tokyo Disneyland? Yes. OK. I like Tokyo Disneyland, too. I like 'It's a small world' best. Thank you.

などのように，子どもたちとインターラクションを取りながら話を進めます。子どもたちは，今までの授業では聞き慣れない単語や表現を推測しながら意味を理解しようとします。このことが，聞く力や，これからの英語運用能力を下支えする素地となるのです。

なお，スモールトークの後で，内容についての質問を２，３，子どもたちに尋ねるとクラスが盛り上がります。上のスモールトークの後に，「アミューズメント・パークって具体的にどこですか」とか「先生の好きなアトラクションは何ですか」などを聞いてみます。

3. Let's Try!1＆2の授業スキルアップポイント

小学校３年生にとって，年間を通じて英語に触れる経験ははじめてのことです。子どもたちは期待半分，不安半分かもしれません。そこで，子どもたちの負担感を排除する必要があります。「定着させなければいけない」「言えるようにしないといけない」「教えなければいけない」などとは考えるべきではありません。それ以上に，子どもたちを「英語が好きになる」「誰とでも英語を使ってコミュニケーションがとれる」「大きな声で人前で英語を話すことができる」ようにすることです。その一歩が導入期の３年生の指導に求められます。

また，特に子どもたちの耳（聞く力）を育てることが重要です。つまり，英語の音声に慣れ，英語の音声の違いに気づき，そして，英語の音声をとらえる力へとつなげていくための入口が３年生なのです。そのためにもたくさんの英語を聞かせることです。よく，「うちの子どもたちは話すことが得意」と言う先生がいます。表現を定着させて，話す訓練を繰り返して発表をさせています。しかし，このような子どもに英語で問いかけたり，話をしたりすると，まったくこちらの話を聞き取れずに，無関係の表現を一方的に発してくる場合が多いことに気づきます。つまり，「話す」だけの練習に終始し，英語でのやり取りを念頭に指導されていないことがわかります。聞けないのでは話すことはできません。コミュニケーションの基礎基本は，まず「聞くこと」から始めるのです。

授業では，教師のクラスルーム・イングリッシュやスモールトーク，CD や電子黒板でのリスニング，ALT からの話しかけなどに時間をふんだんに使いたいものです。

小学校４年生は，外国語活動も２年目に入ります。さまざまな活動や英語の表現にも慣れてきている頃だと思われます。当然，３年生と同様「聞くこと」を中心とした活動を組むことは同じですが，それに加えて，思考力，判断力，表現力の向上をめざす指導に徐々に転換していかなければなりません。特に子どもたちが自ら考えて発表する場面を多くつくり出したいものです。そこで，Let's Try!２を使用して，さらにスキルアップをめざすには，以下の活動が考えられます。

Unit1：さまざまな国の挨拶の仕方を調べて，発表する。
Unit2：英語だけを使って，福笑いやすごろくをグループでする。
Unit3：最も好きな曜日について，理由を含めて発表する。
Unit4：時差を調べ，世界の国々の今現在の時間をクイズとして出し合う。
Unit5：自分の筆箱の中身について，グループで説明し合う。
Unit6：black+white は何色になるかなど，色の組み合わせを考えて，クイズを出し合う。
Unit7：テキストにない不思議な果物について調べ，味，色，生産地を発表する。
Unit8：数人のグループをつくり，１人がツアーコンダクターとなり，校内を案内する。
Unit9：英語の絵本を用意し，グループ内で読み聞かせをする。

Point4
年間指導計画の作成のポイント

1. 年間指導計画の作成の注意点

外国語活動においては，２年間の移行期間中，最低15時間実施するとしています。そして，2020年度からは，週１時間，年間35時間を行うこととしています。通常，４月から順を追って３月までの計画を立てていきますが，これでは目標が大きくなり，活動も高度な内容になることが考えられます。これは，作成者側に「このぐらいはできるだろう」「これくらいはさせたい」との教師の欲や希望が出てきてしまい，最終ゴールが肥大化してしまうことによります。そこで，年間指導計画をバックワードデザインで作っていきます。３月のゴール地点をまず決め，教師が求める子ども像をイメージして，最終着地地点を定めます。そして，徐々にその姿になるためにはどの程度の授業を行えばよいのかなどを考え，４月の導入時期まで遡ります。

2. 第３学年の年間指導計画作成のポイント

３年生では，３月の終わりまでにどのようなことがわかり，どの程度のことに慣れ親しみ，そして，４年生に進級させるのかを考えて，目標を定め，その目標を実現させるために，直前の段階ではどの程度のレベルを求めるのかを考えます。図式化すると下図のイメージです。

＜第３学年のイメージ＞

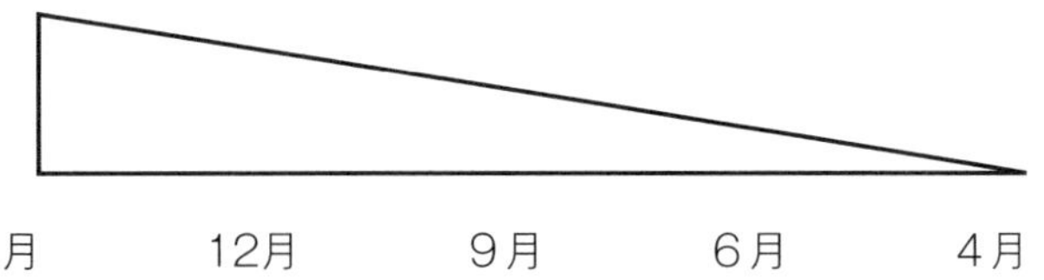

例えば，到達目標を「自分の考えが伝えられるように工夫しながら誰とでもコミュニケーションを図っている。また，アルファベットの大文字を認識し，読み方がわかっている」とした場合，アルファベットの学習は Unit 6 の “ALPHABET” で終わるわけにはいきません。３月に扱う Unit にも，２月に扱う Unit にも，アルファベットに関する活動を入れ込まなければなりません。このように内容と時間を調整して組んでいくことが必要です。

3. 第４学年の年間指導計画作成のポイント

４年生でも同じ手法をとりますが，ただし，進級する５年生の４月からは，教科として「読むこと」「書くこと」も導入されることを考えると，到達目標を「簡単な英文を読むことができ，自分のことについて簡単な英文で書くことができる」とした場合，子どもたちの状況にもよりますが，Unit 6 の “Alphabet” から書いたり，読ませたりすることを始めなければなりません。常に子どもの状況を考慮し，負担感を感じさせないような計画を立てることが大切です。

Point5

評価のポイント

1. 評価について

外国語活動の評価については，従来の外国語活動と同様，文書表記で行います。移行期間中の第３学年及び第４学年では，学習指導要録に記入するスペースがないので，所見欄に文書で表記します。その際，中学年で外国語活動を行うことははじめてのこととなるため，平成29年改訂の学習指導要領での観点「知識・技能」「思考力・判断力・表現力等」「主体的に学びに向かう態度」の３点をもとに文言を考えていきます。移行期間は，従来の外国語活動の考え方に則って評価することもできますが，ここは新しい観点での文章評価をしていきます。

2. 評価の文言と具体的な文章例について

評価をする場合，観点ごとの文章の語尾は若干異なり，以下のようになります。

・知識・技能：「～に気づく／～に慣れ親しむ」
・思考力・判断力・表現力等：「～する／～したりする」
・主体的に学びに向かう態度：「～しようとする／～している」（「　」内は語尾例）

具体的な例を示すと以下のようになります。

(1) Let's Try!1の Unit3 "How many?" での評価例

・「１から20までの数字の言い方に慣れ親しむ」（知識・技能）
（通知表などで）「１から20までの数字の言い方に慣れ親しんでいます」
・「数を尋ねたり答えたりして伝え合う」（思考力・判断力・表現力等）
（通知表などで）「数を尋ねたり答えたりして伝え合っています」
・「数を尋ねたり答えたりしようとする」（主体的に学びに向かう態度）
（通知表などで）「数を尋ねたり答えたりしようとしています」

(2) Let's Try!2の Unit4 "What time is it?" での評価例

・「世界の国々によって時刻が異なっていることに気づく」（知識・技能）
（通知表などで）「世界の国々によって時刻が異なっていることに気づいています」
・「自分の好きな時間について，友だちと伝え合う」（思考力・判断力・表現力等）
（通知表などで）「自分の好きな時間について，友だちと伝え合っています」
・「友だちと好きな時間について伝え合おうとしている」（主体的に学びに向かう態度）
（通知表などで）「友だちと好きな時間について伝え合おうとしています」

Chapter 2

“Let's Try! 1” 35時間の学習指導案＆評価マニュアル

2

Unit1のポイント

1. 単元のねらい

ここでは，コミュニケーションの基礎基本である挨拶について取り扱います。３年生から，はじめて英語を学ぶ子どもたちにとっては，英語を話すことに対する恥ずかしさや発音に対する自信のなさから尻込みをする子どももいますが，「英語は簡単なんだよ」と思わせるような声かけをしたり，活動を通して楽しい体験をさせるような仕掛けをふんだんに盛り込みます。

この単元で出てくる主な語彙

hello：こんにちは　hi：やあ　goodbye：さようなら　see you：またね

friend：友だち　I：私は，僕は　am：～です

2. 覚えたい英語表現

(1)A：Hello. I'm Yui. I'm from Tokyo.

B：Hi, I'm Mai. I'm from Fukuoka.

A：Goodbye.

B：See you.

3. 言語活動成功のポイント

今回，第３学年から「外国語活動」が導入されました。これは，学習指導要領改訂のもとで，平成23年度から実施されてきた第５学年からの「外国語活動」が，２年前倒しされて第３学年から実施されることになったのです。第５学年から第３学年に移ることで，今までの第５学年に指導してきた内容や観点が大きく変わることはありません。ただし，子どもの発達段階を考えれば，表現や内容についてはそれほど高度なことはできず，簡単な語彙や表現に対して慣れさせることや気づかせることに，さらに重点を置くことになります。

語彙を多く与えたり，難しい表現を理解させたりすることよりも，簡単な表現や語彙であっても，何度も発音を聞かせたり発話させたりして，英語特有のイントネーションや発音に慣れ親しませることが重要です。

英語特有の発音に慣れさせるためには，多くの量の英語を聞かせることが大切ですが，授業時間内だけで十分に音を聞かせることは難しいものです。そこで，ＡＬＴやＣＤ，電子黒板を使って音声を聞かせるだけにとどまらず，担任の先生方も，可能な限り英語を使って指示やモデルを示すことが大切です。これらはクラスルーム・イングリッシュと呼ばれ，普段から使っていると使用することに慣れてくるものです。しかし，英語が苦手だからといって，日本語を多用するのでは，子どもたちが英語の音声を聞く時間が短くなり，その結果，日本語特有の発音（母音が強調される発音。and：アンド，but：バットなど）が抜けず，それ以降の英語学習に課題を残すことになります。担任が少々苦手意識を持っていたとしても，発音を矯正しながら，使い続けることが大切です。

Hello!　あいさつをして友だちになろう

Unit1　第１時　学習指導案

01

1 単　元　Hello!（２時間）

2 主　題　「世界のいろいろな国の挨拶を知ろう」（１／２）

3 ねらいと評価のポイント

○世界にはさまざまな言語があることに気づく。（知識・技能）

○"Hello (Hi), I'm～." "Goodbye." "See you." の表現を使って，挨拶や自己紹介をしようとしている。（態度）

4 準　備　電子黒板，国旗カード，あいさつビンゴシート，振り返りカード

5 展　開

子どもの活動	ＨＲＴの支援と評価（※）
Warming up	
1　はじめの挨拶をする。 Hello, Mr. (Ms.) ～. I'm fine, thank you. How are you? 2　担任に挨拶をする。 Hello (Hi), Mr.(Ms.)～(担任名). 3　今日のめあてを確認する。	○笑顔で気楽な雰囲気をつくり，挨拶をする。 Hello, everyone. How are you today? I'm fine, thank you. ○子どもの名前を呼びながら，全員に挨拶をする。 Hello (Hi), ～ (児童名). ○めあてを確認させ，世界のいろいろな国の挨拶を知ろうとする意欲を高めさせる。
めあて　世界のいろいろな国の挨拶を知ろう。	
Main activities	
4　世界のあいさつを知ろう！，チャンツ，あいさつビンゴをする。	○ Main activities の活動を知らせ，活動の見通しをもたせる。
≪①世界のあいさつを知ろう！≫ "Let's Try!1" p.2, 3 ・世界のさまざまな国の挨拶の音声を聞き，聞こえたとおりに発音してみる。 ・デジタル教材を視聴し，世界のいろいろな国の挨拶や様子を知り，違いや共通点を見つけ，発表する。	≪①世界のあいさつを知ろう！≫ Let's Watch and Think ○９つの国旗カードを黒板に貼る。 ○音声を聞かせ，聞こえたとおりに発音させる。聞こえ方が違うことにも気づかせる。それがどこの国の挨拶か予想して，発表させる。 ○音声で挨拶を聞き，国を確認させたら，デジタル教材を視聴させ，さらにその国のイメージをもたせる。
≪②チャンツ♪ Hello! ♪≫ "Let's Try!1" p.2, 3) ・音声を聞き，リズムに合わせて，チャンツをする。	≪②チャンツ≫ Let's Chant ○音声を聞かせ，リズムに合わせて，発話をさせる。
≪③あいさつビンゴ≫ ・チャンツで練習した表現を使って，挨拶をし合う。 ・ペアをつくりじゃんけんをして，勝った人から挨拶をする。 ・あいさつビンゴシートに，挨拶をした人からサインをしてもらう。 ・たくさんの友だちと担任に挨拶をし，時間になったら着席し，いくつビンゴができたか発表する。	≪③あいさつビンゴ≫ ○ビンゴシートを配り，デモンストレーションをしながらルールを説明する。 ○はじめは隣の席の友だちと行い，その後は教室内を自由に行き来し，出会った友だちと挨拶を行う。 ※世界にはいろいろな挨拶や文化があることに気づき，その気づきを表現しようとしている。　<発表，振り返りカード>
Looking back	
5　本時の学習を振り返る。 ○振り返りカードに，会話の楽しさや新しい気づき，友だちのよいところ等を書き，発表する。 6　終わりの挨拶をする。 Thank you very much. Goodbye, Mr. (Ms.)～. See you.	○会話の楽しさや新しい気づき等を発表させ，称賛し合わせる。 ○終わりの挨拶をする。 That's all for today. You did a great job! Goodbye, everyone. See you next time.

Hello!　あいさつをして友だちになろう

Unit1　第2時　学習指導案　02

1　単　元　Hello!（２時間）

2　主　題　「自分の名前や好きなものを伝え合おう」（２／２）

3　ねらいと評価のポイント

○世界にはさまざまな言語があることに気づく。（知識・技能）

○挨拶や自己紹介をする。（思考・判断・表現）

4　準　備　電子黒板，自己紹介カード，振り返りカード

5　展　開

子どもの活動	ＨＲＴの支援と評価（※）
Warming up 1　はじめの挨拶をする。 Hello, Mr.（Ms.）～. I'm fine, thank you. How are you? 2　担任に挨拶をする。 Hello（Hi）, Mr.（Ms.）～（担任名）.	○笑顔で気楽な雰囲気をつくり，挨拶をする。 Hello, everyone. How are you today? I'm fine, thank you. ○英語だけでなく，違う国の言葉で挨拶や自己紹介を行うのもよい。 ○子どもの名前を呼びながら，全員に挨拶をする。 Hello（Hi）, ～（児童名）.
3　今日のめあてを確認する。	○めあてを確認させ，自分の名前や好きなものを伝え合おうとする意欲を高めさせる。
めあて　自分の名前や好きなものを伝え合おう。	
Main activities 4　どこの国かな？，自己紹介をしようをする。	○ Main activities の活動を知らせ，活動の見通しをもたせる。
≪①どこの国かな？≫ "Let's Try!1" p.4 ・世界のさまざまな国の挨拶の音声を聞き，どの国の言葉かを推測する。 ・人物と国旗を線で結び，発表し合う。	≪①どこの国かな？≫ Let's Listen ○デジタル教材を見せ，国旗カードと国名を確認させる。 ○音声を聞かせ，どの国の言葉かを推測させ，人物と国旗を線で結ばせる。 ○聞こえたことを発表させ，答え合わせをする。
≪②自己紹介をしよう≫ ・自己紹介カード（名前・好きなものの絵）を作成する。 ・"I like this." で好きなものの言い方を練習する。 ・ペアをつくりじゃんけんをして，勝った人から自己紹介をする。 ・自己紹介カードの裏に，聞いてもらった人からサインをしてもらう。 ・たくさんの友だちや担任に自己紹介をし，時間になったら着席し，何人と自己紹介ができたか発表する。	≪②自己紹介をしよう≫ ○音声を聞かせ，リズムに合わせて，発話させる。 ○自己紹介カードを配り，記入させる。担任の自己紹介カードも見本として提示する。 ○デモンストレーションをしながらルールを説明する。 ○ "I like this." で好きなものの言い方を練習させる。 ○はじめは隣の席の友だちと行い，その後は教室内を自由に行き来し，出会った友だちと自己紹介を行う。 ≪Activity≫（"Let's Try!1"p.5）の活動内容に自分の好きなもの（"I like this."）を加えた自己紹介を行う活動としたが，子どもの実態に応じ，名前のみの自己紹介にしてもよい。 ※積極的に自己紹介をしたり，友だちの自己紹介を聞いたりしている。　<行動観察，振り返りカード>
Looking back 5　本時の学習を振り返る。 ○振り返りカードに，会話の楽しさや新しい気づき，友だちのよいところ等を書き，発表する。	○会話の楽しさや新しい気づき等を発表させ，称賛し合わせる。
6　終わりの挨拶をする。 Thank you very much. Goodbye, Mr.（Ms.）～. See you.	○終わりの挨拶をする。 That's all for today. You did a great job! Goodbye, everyone. See you next time.

How are you?　ごきげんいかが？

Unit2のポイント

1. 単元のねらい

ここでは，言葉によらないコミュニケーション，つまりノンバーバル・コミュニケーションの大切さに触れ，自分の気持ちや考えを相手に伝えるための工夫について，体験しながら身につけていきます。このノンバーバル・コミュニケーションとは顔の表情であったり，ジェスチャーであったりしますが，日本の子どもたちが苦手とする部分でもあり，担任は率先してモデルを示しながら，それらに対する子どもの抵抗感を減らしていきます。また，Unit 1に引き続き挨拶を取り扱いますが，ここまでの表現はこれからの外国語活動や外国語で毎時間使用していくものなので，早めに慣れさせておきたいものです。

この単元で出てくる主な語彙

how：どれくらい　are：〜です　me：私に（私を）　and：そして　fine：元気な

happy：幸せな　good：（調子が）よい　sleepy：眠い　hungry：お腹のすいた

tired：疲れた　sad：悲しい　great：最高に

2. 覚えたい英語表現

(1)A：How are you?

B：I'm happy.

(2)A：Are you OK?

B：OK.

3. 言語活動成功のポイント

想像してみてください。誰かに “How are you?” と尋ねられた時に，つまらなそうな顔で “I'm happy.” と答えたとします。聞く側は，「本当に楽しいのかな」「何か嫌なことがあったのかな」と詮索します。つまり，表情と表現とは一体でなければ相手に正しく気持ちや考えを伝えることはできません。特に英語の世界では，歴史的に見ても，イギリスをはじめとする多くの地域で，さまざまな民族が英語を使用してきたことから，言葉だけでは伝えられない言語になってきたのです。そのために，言葉を補完するために，ジェスチャーや表情の技術が発達したのです。研究によると，英語の世界では，言葉で伝えられる部分は約4割，他の約6割は表情やジェスチャーなどノンバーバル・コミュニケーションで伝えられることがわかっています。しかし，日本語の世界では，顔の表情は変えず，ジェスチャーも加えないで話すことに慣れてきています。英語においても，日本人は言葉だけで相手に伝えようとするので，なかなか伝わらないことがよくあります。それは，英語の内容や表現の問題もありますが，それに加えて，言葉を助けるジェスチャーや顔の表情が備わっていないことが大きな問題なのです。

子どもたちが英語を口にする時には，常に相手の目を見て，顔の表情をつくり，ジェスチャーを加えながら，話すことを心がけるように注意喚起したいものです。

Unit2　第1時　学習指導案

1 単　元　How are you?（２時間）

2 主　題「表情やジェスチャーの大切さを知ろう」（１／２）

3 ねらいと評価のポイント

○表情やジェスチャーの大切さに気づく。（知識・技能）

○感情や状態を表す表現やジェスチャーを知り，表現やリズムに慣れ親しむ。（知識・技能）

4 準　備　電子黒板，振り返りカード

5 展　開

子どもの活動	ＨＲＴの支援と評価（※）
Warming up 1　はじめの挨拶をする。 Hello, Mr. (Ms.) ～. I'm fine, thank you.　How are you? 2　Teacher's Talk を聞く。 担任の話を推測しながら聞く。 3　今日のめあてを確認する。	○笑顔で気楽な雰囲気をつくり，挨拶をする。 Hello, everyone. How are you today?　I'm fine, thank you. ○ I'm happy. Because I had nice breakfast. などの話をジェスチャーや表情をつけながらする。 ○めあてを確認させ，活動の見通しをもたせる。
めあて　表情やジェスチャーの大切さを知ろう。	
Main activities 4　どのようなことを言っているのかな，誰の様子かな？，ジェスチャーゲームをする。	○ Main activities の活動を知らせ，活動の見通しをもたせる。
≪①どのようなことを言っているのかな≫ "Let's Try!1" p.6, 7 ・絵を見て，何と言っているのか想像してから視聴する。 ・聞き取れたことを発表する。 ・２回目の音声を真似て繰り返す。	≪①どのようなことを言っているのかな≫ Let's Watch and Think 1 ○テレビ画面を見せて，予想させてから映像を視聴させ，聞き取れたことを発表させて，内容を理解させる。 ○ p.6, 7の絵を見せ，想像した会話を話させながら，楽しい雰囲気で進め，適宜繰り返させながら進めていく。
≪②誰の様子かな？≫ "Let's Try!1" p.8 ・p.8を見ながら音声を聞いて，どのような気持ちなのかを考え，線で結ぶ。 ・答えを確かめた後，ジェスチャーをつけて繰り返す。 ・担任のジェスチャーを見て，どのような気持ちなのか答える。	≪②誰の様子かな？≫ Let's Listen ○はじめにそれぞれの絵が表している気持ちを確かめておく。(happy と fine が紛らわしいため) ○音声を聞かせ，それぞれの人物の気持ちを表した絵を線で結ばせる。 ○答えを確かめた後，ジェスチャーをつけながら６つの表現の練習をさせる。 ※ジェスチャーをつけながら，気持ちを表す表現をしている。 <行動観察，"Let's Try!1" の点検>
≪③ジェスチャーゲーム≫ ・４人グループをつくる。 ・How are you? と３人が尋ねたら，１人はジェスチャーで答える。それを見て他の３人は，Happy? Sad? などと答え，合っていたら Yes (, I am). と答える。 ・制限時間（30秒くらい）内に何人のジェスチャーに対して答えられるかにトライする。 ・２回繰り返し，１回目より多くジェスチャーで表したり，答えたりできるようにする。	≪③ジェスチャーゲーム≫ ○４人グループをつくり，向かい合わせる。 ○ルールを説明する。 ○制限時間（30秒くらい）があるからといって，乱暴なやり取りにならないように，コミュニケーションマナーを意識させる。 ○他のグループと競わせるのではなく，自分たちのグループで協力して行うことを押さえる。
5　Hello Song を視聴する。 一緒に歌ったり，振りを真似てみたりする。	○ Hello Song を視聴し，一緒に振りをつけて歌う。 １回目なので，雰囲気をつかませることが大切である。
Looking back 6　本時の学習を振り返る。 ○振り返りカードに，会話の楽しさや新しい気づき，友だちのよいところ等を書き，発表する。 7　終わりの挨拶をする。 Thank you very much. Goodbye, Mr. (Ms.) ～.　See you.	○会話の楽しさや新しい気づき，友だちや自分のがんばり等を発表させ，称賛し合わせる。 ○終わりの挨拶をする。 That's all for today.　You did a great job! Goodbye, everyone.　See you next time.

Unit2　第2時　学習指導案

1 単　元　How are you?（２時間）

2 主　題　「感情や状態を尋ねたり答えたりする表現に慣れよう」（２／２）

3 ねらいと評価のポイント

○世界のさまざまなジェスチャーを知り，自分たちとの共通点や相違点に気づく。（知識・技能）

○ジェスチャーや表情をつけて気持ちを尋ねたり答えたりしながら，友だちと積極的に挨拶しようとする。（態度）

4 準　備　電子黒板，振り返りカード

5 展　開

子どもの活動	ＨＲＴの支援と評価（※）
Warming up	
1　はじめの挨拶をする。 Hello, Mr. (Ms.)～. I'm fine, thank you. How are you?	○笑顔で気楽な雰囲気をつくり，挨拶をする。 Hello, everyone. How are you today? I'm fine, thank you.
2　Teacher's Talk を聞く。 担任の話を推測しながら聞く。 聞き取ったこと，わかったことを発表する。	○ I'm hungry. Because I didn't have my breakfast. などの話をジェスチャーや表情をつけながらする。
3　今日のめあてを確認する。	○めあてを確認させ，活動の見通しをもたせる。
めあて　感情や状態を尋ねたり答えたりする表現に慣れよう。	
Main activities	
4　聞き取りクイズ，ジェスチャーゲーム，インタビューゲームをする。	○ Main activities の活動を知らせ，活動の見通しをもたせる。
≪①聞き取りクイズ≫“Let's Try!1”p.9	≪①聞き取りクイズ≫ Let's Watch and Think2
・映像を見て，何を表しているか，わかったことを発表する。 ・一通り理解したら，ペアで問題を出しながら，ジェスチャーを真似てみる。	○映像を見せて，何を表しているか，わかったことを発表させる。順番に見せるだけでなく，予想させながら，実態に応じてランダムに見せることもできる。 ・一通り理解したら，ジェスチャーを真似させる。
≪②ジェスチャーゲーム≫	≪②ジェスチャーゲーム≫
・ジェスチャーをして，もう一人が何の意味か言う。または意味を言って，もう一人がジェスチャーをする。 ・グループ（4，5人）で向かい合って円をつくる。はじめの人が何かのジェスチャーをする。ジェスチャーの意味がわかったら口々に答えを言う。合っていたら，That's right! と言って，隣の人がすぐ別のジェスチャーをする。制限時間（30秒）がくると合図で終わる。何人がジェスチャーしたかを数える。早ければ何周も回すことになる。	・ペアで問題を出し合い，確かめながらジェスチャーゲームをする。 ・慣れてきたら，グループで行わせる。 ・はじめに代表のグループでモデルを示す。 ・一斉にスタートして，終わりの合図をする。 ・各グループが何人ジェスチャーしたかを聞き，それぞれのグループに対してコメントやほめ言葉を言う。
≪③インタビューゲーム≫“Let's Try!1”p.9	≪③インタビューゲーム≫ Activity
・How are you? I'm fine. などの表現を復習する。 ・表情やジェスチャーを工夫して答える。 ・インタビュー活動のマナーを守って，積極的にインタビューをする。 ・相手の答えを聞いて繰り返したり，うなずいたり，Really? /Me, too. /I see. などの反応をしたりする。 ・p.9に名前を記入する。	○担任が代表の子どもやパペットなどと活動のモデルを見せる。 ○インタビュー活動のマナーを守って，積極的にインタビューをする。 ※表情やジェスチャーを工夫して，相手に伝えようとしている。 ＜行動観察，“Let's Try!1”の点検＞ ○インタビューゲームでは，“Clear voice”“Eye contact”“Smile”“Reaction”を意識させる。
Looking back	
5　本時の学習を振り返る。 ○振り返りカードに，会話の楽しさや新しい気づき，友だちのよいところ等を書き，発表する。	○会話の楽しさや新しい気づき，友だちや自分のがんばり等を発表させ，称賛し合わせる。
6　終わりの挨拶をする。 Thank you very much. Goodbye, Mr. (Ms.)～. See you.	○終わりの挨拶をする。 That's all for today. You did a great job! Goodbye, everyone. See you next time.

Unit3のポイント

1．単元のねらい

ここでは，数の数え方を学びます。数に関しては1から20まで扱い，これからさまざまな場面で使うことになる数の言い方に触れるはじめての機会となります。しかし，ただ数の言い方を知るのではなく，活動を通して音やアクセントに慣れ親しむようにします。また，英語に限らず，さまざまな言語での数の言い方にも触れ，さまざまな言い方で表現する数の面白さにも気づかせていきます。

この単元で出てくる主な語彙

many：多くの　one～twenty：1～20　counter：カウンター　ball：ボール
pencil：鉛筆　eraser：消しゴム　ruler：ものさし　crayon：クレヨン　apple：りんご
strawberry：いちご　tomato：トマト　circle：円　triangle：三角形
cross：十字，バツ印　heart：ハート　stroke：画数　yes：はい　no：いいえ
sorry：すみません　that：それ　is：～です　right：正しい

2．覚えたい英語表現

(1)A：How many pencils?
　B：Three (pencils).
　A：Three pencils?
　B：Yes.
　A：That's right.

3．言語活動成功のポイント

英語の数においては，1から10までは定着するものですが，11以降の数は，少しハードルが高いようです。eleven や twelve は普段あまり耳にすることがなく，ten-one などと言う子どもも出てきます。これは，ひとえに慣れの賜物ですので，何度も言わせるようにします。また，13以上の数は，単語の終わりが -teen となっており，-ty との混乱が見られるようになります。thirteen を thirty，seventeen を seventy などと言う子どもがいますので，ここはその都度，傍らで子どもが気づくように正しい言い方（thirteen など）を言って聞かせます。その時のイメージは，間違いを指摘するのではなく，「こんな発音をするんだよ」と諭す感じの方が効果が期待できます。

授業では，教室を飛び出し，子どもたちの興味のあるものを集めさせて（白い石，赤い葉っぱ等），グループで How many? と尋ね合わせ，最も多く集めた友だちをみんなで称え合います。また，教室内にあるものを探させる「How many クイズ」なども企画します。例えば，How many curtains?　How many erasers?（黒板拭き）などと出題し，グループで数えさせ，発表させるのも楽しいものです。

How many?　数えてあそぼう

Unit3　第1時　学習指導案　05

1 単　元　How many?（４時間）

2 主　題　「１～10の数の言い方を知ろう」（１／４）

3 ねらいと評価のポイント

○日本と外国の数の数え方の違いに気づく。（知識・技能）

○１～10までの数の言い方や尋ね方を知る。（知識・技能）

4 準　備　電子黒板，ナンバーカード，おはじき，振り返りカード

5 展　開

子どもの活動	ＨＲＴの支援と評価（※）
Warming up	
1　はじめの挨拶をする。 Hello, Mr. (Ms.)～. I'm fine, thank you. How are you?	○笑顔で気楽な雰囲気をつくり，挨拶をする。 Hello, everyone. How are you today? I'm fine, thank you.
2　今日のめあてを確認する。	○めあてを確認させ，１～10の数の言い方を知ろうとする意欲を高めさせる。
めあて　１～10の数の言い方を知ろう。	
Main activities	
3　歌，"How many?" ゲーム，おはじきゲームをする。	○ Main activities の活動を知らせ，活動の見通しをもたせる。
≪①歌♪ Ten Steps ♪≫ "Let's Try!1" p.10	≪①歌♪ Ten Steps ♪≫ Let's Sing
・１～10までのナンバーカードを見て，言い方を練習する。 ・"Ten Steps" の歌（１番）を歌う。	○１～10までのナンバーカードを黒板に貼る。 ○音声を聞かせ，聞こえたとおりに発音させる。 ○歌に慣れたら，指定された数字の時にジャンプや拍手などの動作を入れて，歌わせてみてもよい。
≪②"How many?" ゲーム≫ "Let's Try!1" p.10, 11	≪②"How many?" ゲーム≫
・テキストの絵を見て，担任に聞かれたものの数を数え，発表し合う。	○ "How many ～?" と質問する。テキストに描かれているもののうち，10までの数のものを尋ねるようにする。時間があれば，教室内にあるものの数を尋ねてもよい。
≪③おはじきゲーム≫ "Let's Try!1" p.10, 11	≪おはじきゲーム≫ Let's Play1
・テキストの１～10の数のうち，好きな数の上におはじきを置く。 ・担任の言う数の上のおはじきを取る。	○おはじきを１人に５個程度配る。 ○おはじきを，１～10の中で好きな数の上に置かせる。 ○１～10の数うち，ある数を伝え，子どもたちにおはじきを取らせる。 ○はじめは１人で行い，その後は隣の席の友だちと行う。１冊のテキストで２人が競い合ったり，お互い出題し合ったり，いろいろな方法で取り組む。 ※１～10の数の言い方を言ったり聞いたりしようとしている。 ＜行動観察，振り返りシート＞
Looking back	
4　本時の学習を振り返る。 ○振り返りカードに，会話の楽しさや新しい気づき，友だちのよいところ等を書き，発表する。	○会話の楽しさや新しい気づき等を発表させ，称賛し合わせる。
5　終わりの挨拶をする。 Thank you very much. Goodbye, Mr. (Ms.)～. See you.	○終わりの挨拶をする。 That's all for today. You did a great job! Goodbye, everyone. See you next time.

How many?　数えてあそぼう

Unit3　第2時　学習指導案　06

1　単　元　How many?（４時間）

2　主　題「１〜20の数の言い方を知ろう」（２／４）

3　ねらいと評価のポイント

○外国のじゃんけんの仕方を知り，日本との違いや共通点に気づく。　（知識・技能）

○１〜20までの数の言い方や尋ね方を知る。　（知識・技能）

4　準　備　電子黒板，ナンバーカード，ドンじゃんけんシート，振り返りカード

5　展　開

子どもの活動	ＨＲＴの支援と評価（※）
Warming up	
1　はじめの挨拶をする。 Hello, Mr.（Ms.）〜. I'm fine, thank you. How are you? 2　今日のめあてを確認する。	○笑顔で気楽な雰囲気をつくり，挨拶をする。 Hello, everyone. How are you today? I'm fine, thank you. ○めあてを確認させ，１〜20の数の言い方を知ろうとする意欲を高めさせる。
めあて　１〜20の数の言い方を知ろう。	
Main activities	
3　歌，“How many?” ゲーム，言ったらだめよゲーム，ドンじゃんけんゲームをする。	○ Main activities の活動を知らせ，活動の見通しをもたせる。
≪①歌♪ Ten Steps ♪≫“Let's Try!1” p.10, 11	≪①歌♪ Ten Steps ♪≫ Let's Sing
・１〜20までのナンバーカードを見て，言い方を練習する。 ・“Ten Steps” の歌を歌う。	○１〜20までのナンバーカードを黒板に貼る。 ○音声を聞かせ，聞こえたとおりに発音させる。 ○歌に慣れたら，指定された数の時にジャンプや拍手などの動作を入れて，歌わせてみてもよい。
≪②“How many?” ゲーム≫“Let's Try!1” p.10, 11	≪②“How many?” ゲーム≫
・テキストの絵を見て，担任に聞かれたものの数を数え，発表し合う。	○ “How many 〜?” などと質問する。テキストに描かれているもののうち，11以上の数のものを尋ねる。時間があれば，教室内にあるものの数を尋ねてもよい。
≪③言ったらだめよゲーム≫	≪③言ったらだめよゲーム≫
・ペアで，交互に１から順に数を言う。ただし，１回に言える数の個数は，連続して３つまでとする。20を言った人の負け。	○ゲームのデモンストレーションをする。 ○児童の実態に合わせ，テキストの数を押さえながらカウントさせてもよい。
≪④ドンじゃんけんゲーム≫	≪④ドンじゃんけんゲーム≫
・ドンじゃんけんシートをペアの２人に１枚配る。 （スタート・ゴール⇔1⇔2…20⇔20⇔…2⇔1⇔スタート・ゴール） ・それぞれのスタートから，書かれた数にタッチしながら読み，ゴールに進む。友だちと同じマスに止まったら，じゃんけんをし，勝った人がそのまま進む。負けた人は，スタートから再度始める。	○外国のじゃんけんの仕方を教える。日本との違いや共通点などにも気づかせる。 ○ペアでのゲームのデモンストレーションをし，ドンじゃんけんシートを配る。 ○子どもの実態に合わせ，交互に言いながらゲームを進めさせたり，シートで扱う数の個数を調整したりする。 ※１〜20の数の言い方を言ったり聞いたりしようとしている。 ＜行動観察，振り返りシート＞
Looking back	
4　本時の学習を振り返る。 ○振り返りカードに，会話の楽しさや新しい気づき，友だちのよいところ等を書き，発表する。 5　終わりの挨拶をする。 Thank you very much. Goodbye, Mr.（Ms.）〜. See you.	○会話の楽しさや新しい気づき等を発表させ，称賛し合わせる。 ○終わりの挨拶をする。 That's all for today. You did a great job! Goodbye, everyone. See you next time.

How many?　数えてあそぼう

Unit3　第3時　学習指導案　07

1 単　元　How many?（４時間）

2 主　題「外国のじゃんけんの仕方や数の言い方を知ろう」（３／４）

3 ねらいと評価のポイント

○外国のじゃんけんの仕方や数の数え方を知り，日本との違いや共通点に気づく。（知識・技能）

○１～20までの数の言い方や尋ね方に慣れ親しむ。（知識・技能）

4 準　備　電子黒板，ナンバーカード，国旗カード，振り返りカード

5 展　開

子どもの活動	ＨＲＴの支援と評価（※）
Warming up 1　はじめの挨拶をする。 Hello, Mr. (Ms.)～. I'm fine, thank you. How are you? 2　今日のめあてを確認する。	○笑顔で気楽な雰囲気をつくり，挨拶をする。 Hello, everyone. How are you today? I'm fine, thank you. ○めあてを確認させ，外国のじゃんけんの仕方や数の言い方を知ろうとする意欲を高めさせる。
めあて　外国のじゃんけんの仕方や数の言い方を知ろう。	
Main activities 3　チャンツ，じゃんけんをしよう，どの国の数え方？，集まれゲームをする。	○ Main activities の活動を知らせ，活動の見通しをもたせる。
≪①チャンツ♪ How many? ♪≫“Let's Try!1”p.13	≪①チャンツ≫ Let's Chant
・“How many?” の音声を聞き，言い方を練習する。	○数字カードを黒板に貼る。 ○音声を聞かせ，聞こえたとおりに発音させる。 ○間違えても，しっかり声を出すよう声をかける。
≪②じゃんけんをしよう≫“Let's Try!1”p.12	≪②じゃんけんをしよう≫ Let's Play2
・テキストの表（1回目）を使って，じゃんけんゲームをする。 ・勝ったら○，負けたら×，あいこは△を記入する。 ・何回勝ったか数える。	○デモンストレーションをし，ゲームのルールを説明する。 ○“How many circles?” と質問し，勝った数を数えさせる。
≪③どの国の数え方？≫“Let's Try!1”p.12	≪③どの国の数え方？≫ Let's Watch and Think
・デジタル教材を視聴し，６つの国の数の言い方を知る。その際，日本との違いや共通点を意識して聞く。 ・数の言い方のデジタル教材を視聴させ，どの国の数の言い方か，テキストに番号を記入する。	○国旗カードで国を確認してからデジタル教材を視聴させる。子どもの実態に合わせ，回数や視聴のさせ方を工夫する。 ○１度目とは違う順でデジタル教材を視聴させ，テキストに番号を記入させる。音声のみを聞かせてもよい。
≪④集まれゲーム≫	≪④集まれゲーム≫
・担任のカウントを復唱し，“That's all.” と言われたら，その数字の人数でグループをつくる。 （例）　担任：one　　　子ども：one 　　　　担任：two　　　子ども：two 　　　　担任：three　　子ども：three 　　　　担任：That's all.　子ども：３人組をつくる。 ・最後に集まったメンバーで，課題に取り組む。 （例）「５このものをさがそう」「小石を３分集め，その数を数えよう」など	○デモンストレーションをし，ゲームのルールを説明する。 ○テンポよくゲームを進め，たくさんゲームができるようにする。 ○はじめは小さい数でグループをつくらせる。慣れてきたら，数を大きくして，グループをつくらせる。 ○最後の課題の時，教室だけでなく外で活動してもよい。 ※外国のじゃんけんの仕方や数の言い方を知ろうとしている。 <行動観察，振り返りシート>
Looking back 4　本時の学習を振り返る。 ○振り返りカードに，会話の楽しさや新しい気づき，友だちのよいところ等を書き，発表する。 5　終わりの挨拶をする。 Thank you very much. Goodbye, Mr. (Ms.)～. See you.	○会話の楽しさや新しい気づき等を発表させ，称賛し合わせる。 ○終わりの挨拶をする。 That's all for today. You did a great job! Goodbye, everyone. See you next time.

How many?　数えてあそぼう

Unit3　第4時　学習指導案　08

1 単　元　How many?（４時間）

2 主　題　「いくつあるのか数を尋ねたり，答えたりしよう」（4／4）

3 ねらいと評価のポイント

○“How many apples?” “I have (two) apples.” の表現を使って数を尋ねたり答えたりする。

（思考・判断・表現）

○１～20までの数の言い方に慣れ親しむ。　（知識・技能）

4 準　備　電子黒板，ナンバーカード，振り返りカード

5 展　開

子どもの活動	ＨＲＴの支援と評価（※）
Warming up １　はじめの挨拶をする。 Hello, Mr. (Ms.)～. I'm fine, thank you. How are you? ２　今日のめあてを確認する。	○笑顔で気楽な雰囲気をつくり，挨拶をする。 Hello, everyone. How are you today? I'm fine, thank you. ○めあてを確認させ，いくつあるのか数を尋ねたり，答えたりしようとする意欲を高めさせる。
めあて　いくつあるのか数を尋ねたり，答えたりしよう。	
Main activities ３　チャンツ，How many apples? クイズ，How many apples? ゲーム，好きな漢字は何ですか？をする。	○ Main activities の活動を知らせ，活動の見通しをもたせる。
≪①チャンツ♪ How many? ♪≫“Let's Try!1” p.13 ・“How many?” の音声を聞き，言い方を練習する。	≪①チャンツ≫ Let's Chant ○数字カードを黒板に貼る。 ○音声を聞かせ，聞こえたとおりに発音させる。 ○間違えてもよいので，しっかり声を出すよう声をかける。 ○扱う数は，児童の実態に合わせる。
≪② How many apples? クイズ≫“Let's Try!1” p.13 ・デジタル教材を視聴し，りんごの数を数える。 ・画像が消えた後，りんごの数がいくつあったか発表する。	≪② How many apples? クイズ≫ Let's Play3 ○ルールを説明し，デジタル教材を視聴させる。 ○“How many apples?” と質問し，数を発表させる。
≪③ How many apples? ゲーム≫“Let's Try!1” p.13 ・テキストのりんごに好きな数だけ色を塗る。 ・教室を歩き回り，塗ったりんごの数が同じ人同士で集まる。 A：Hi! How many apples? B：I have (two) apples. A：Me, too.（グループをつくる）/I have (four) apples. Bye!	≪③ How many apples? ゲーム≫ Activity1 ○テキストのりんごに好きな個数だけ色を塗らせる。 ○デモンストレーションを見せ，ルールを説明する。 ○塗ったりんごの数が同じ人同士で集まれているか確認する。 ※いくつあるのか数を尋ねたり，答えたりしようとしている。 ＜行動観察＞
≪④好きな漢字は何ですか？≫“Let's Try!1” p.13 ・グループで好きな漢字を１つ選び，テキストに書く。 ・好きな漢字当てクイズをする。“How many (strokes)?” “Five!” で画数を伝えたり，知っている英単語やジェスチャーを用いたりしてヒントを出す。	≪④好きな漢字は何ですか？≫ Activity2 ○デモンストレーションを見せ，担任の好きな漢字を紹介する。その際，“How many (strokes)?” の表現を使って，画数を尋ねる言い方を知らせる。 ○グループで好きな漢字を１つ選ばせ，テキストに書かせる。 ○ヒントは，知っている英単語やジェスチャーで伝えさせる。子どもの実態に合わせ，決められた漢字の中から選んだりヒントの出し方を支援したりする。
Looking back ４　本時の学習を振り返る。 ○振り返りカードに，会話の楽しさや新しい気づき，友だちのよいところ等を書き，発表する。 ５　終わりの挨拶をする。 Thank you very much. Goodbye, Mr. (Ms.)～. See you.	○会話の楽しさや新しい気づき等を発表させ，称賛し合わせる。 ○終わりの挨拶をする。 That's all for today. You did a great job! Goodbye, everyone. See you next time.

I like blue.　すきなものをつたえよう

Unit4のポイント

1．単元のねらい

ここでは，色の言い方から始まり，好きなものや苦手なものなどについての言い方に慣れさせます。また，相手に好き嫌いを尋ねる表現を使って，友だちと聞き合い，さまざまな考え方があることに気づかせます。

語彙のカテゴリーも多彩で，色，スポーツ，飲食物，果物や野菜などを取り扱うので，活用する語彙も多く，なかなか使えるようにはならないかもしれませんが，定着までは求めず，何度も使う場面を設定して，発話する機会を多くしたいものです。

この単元で出てくる主な語彙

like：～が好き　don't：～でない　too：～も　red：赤　blue：青　green：緑
yellow：黄色　pink：ピンク　black：黒　white：白　orange：オレンジ　purple：紫
brown：茶色　soccer：サッカー　baseball：野球　basketball：バスケットボール
dodgeball：ドッジボール　swimming：水泳　ice cream：アイスクリーム
pudding：プリン　milk：牛乳　orange juice：オレンジジュース　onion：玉ねぎ
green pepper：ピーマン　cucumber：キュウリ　carrot：にんじん　rainbow：虹

2．覚えたい英語表現

(1)A：I like baseball.　Do you like baseball?
　B：Yes, I do.
(2)A：I don't like onions.　Do you like onions?
　B：No, I don't.

3．言語活動成功のポイント

個人の好き嫌いについては，日常生活においても，よく尋ねたり答えたりする場面に出くわすものです。英語での表現はそれほど難しくないので，何度も活動させて言い方に慣れさせます。

海外の人からは日本人は本音を話さないと考えられがちですが，このように自分自身について考える場面を多くつくり出して，表現する機会を増やすことで，自分の考えや意見を的確に相手に伝えることができるようになっていくものです。今後求められるプレゼンテーション能力や交渉能力を身につけさせるためにも，この段階から自己主張することに対する抵抗感を減らしていきたいものです。

好き嫌いに関して英語で話せるようになれば，表現内容も広がっていきます。まず，Unit 1やUnit 2で扱ってきた挨拶や自分の名前の言い方に加え，好き嫌いについての内容を加えることで，立派な自己紹介ができるようになります。

また，「クラスで玉ねぎが苦手な友だちは何人いるか探してみよう」などと，英語をツールとして，さまざまな活動が楽しく組めるようになります。

I like blue.　すきなものをつたえよう

Unit4　第1時　学習指導案　09

1 単　元　I like blue.（4時間）

2 主　題　「世界の虹の色を知ろう」（1／4）

3 ねらいと評価のポイント

○虹の色を英語で言おうとしている。（態度）

○世界の子どもの描く虹を見て，それぞれの色の相違点や共通点に気づいている。（知識・技能）

4 準　備　電子黒板，色の絵カード，色鉛筆，振り返りカード

5 展　開

子どもの活動	HRTの支援と評価（※）
Warming up 1　はじめの挨拶をする。 Hello, Mr. (Ms.)～. I'm fine, thank you. How are you? 2　♪ The Rainbow Song ♪を歌う。（"Let's Try!1"p.14, 15） 3　今日のめあてを確認する。	○笑顔で楽しい雰囲気をつくり，挨拶をする。 Hello, everyone. How are you today? I'm fine, thank you. ○まず，複数回音声を聞かせる。次に，色の絵カードを指し示しながら，大きな声で歌わせる。 ○めあてを確認して，世界の虹の色を知ろうとする意欲を高めさせる。
めあて　世界の虹の色を知ろう。	
Main activities 4　キーワードゲーム，チャンツ，虹の色は何色？，聞き取りクイズをする。	○ Main activities の活動を知らせ，活動の見通しをもたせる。
≪①キーワードゲーム≫ ・ペアの間に消しゴムを置く。 ・色の絵カードの中からキーワードになる色を１つ選ぶ。 ・担任が単語を発音した後，続けて発音し，２回手拍子をする。 ・キーワードになる色が発音されたら，発音せずに消しゴムを取り合う。 ・キーワードになる色を替えて数回ゲームをする	≪①キーワードゲーム≫ ・キーワードになる色を１つ選び，その絵カードを黒板に貼る。 ・「赤」の時は，「red（担任）red（子ども）手拍子２回」とする。 ・慣れてきたら，キーワードを子どもに選ばせる。
≪②チャンツ♪ I like blue. ♪≫ "Let's Try!1" p.14, 15 ・音声を聞きながら，リズムに合わせて発声する。	≪②チャンツ≫ Let's Chant ○数回音声を聞かせる。 ○子どもと一緒にチャンツをする。
≪③虹の色は何色？≫ "Let's Try!1" p.14, 15 ・虹を完成させる。 ・映像を見て，世界の子どもの虹の色の相違点や共通点などを発表する。	≪③虹の色は何色？≫ ○虹の色を p.14, 15に塗らせる。 ○映像を視聴させて，自分の虹と比べて気づいたことを発表させ，内容を確認する。 ※虹の色の相違点や共通点に気づき，意欲的に発表している。 <行動観察>
≪④聞き取りクイズ≫ "Let's Try!1" p.16 ・それぞれの人物の好きな色を聞き取る。 ・聞き取った色を線で結ぶ。 ・それぞれの人物の好きな色を発表する。	≪④聞き取りクイズ≫ Let's Listen1 ○音声を聞かせて，それぞれの人物は何色が好きなのか考えさせる。 ○再度音声を聞かせて，線で結ばせて確認する。
Looking back 5　本時の学習を振り返る。 ○振り返りカードに，自分が進んで学習したことや友だちのよいところなどを書き，発表する。	○会話の楽しさや新しい気づき等を発表させ，称賛し合わせる。
6　終わりの挨拶をする。 ○次時活動の予告を聞く。 Thank you very much. Goodbye, Mr. (Ms.)～. See you.	○終わりの挨拶をする。 That's all for today. You did a great job! Goodbye, everyone. See you next time.

I like blue.　すきなものをつたえよう

Unit4 第2時　学習指導案　10

1 単　元　I like blue.（４時間）

2 主　題　「好きなものや嫌いなものを知ろう」（２／４）

3 ねらいと評価のポイント

○ “Do you like～?” “Yes, I do.” “No, I don't.” の表現を使った，英語の音声やリズムを聞き取ろうとしている　（態度）

○外来語と英語との音声の違いに気づいている。　（知識・技能）

4 準　備　電子黒板，色の絵カード，人物の絵カード，振り返りカード

5 展　開

子どもの活動	ＨＲＴの支援と評価（※）
Warming up	
1　はじめの挨拶をする。 Hello, Mr. (Ms.)～. I'm fine, thank you. How are you?	○笑顔で楽しい雰囲気をつくり，挨拶をする。 Hello, everyone. How are you today? I'm fine, thank you.
2　♪ The Rainbow Song ♪を歌う。（“Let's Try!1”p.14, 15）	○色の絵カードを指し示しながら，一緒に歌う。
3　今日のめあてを確認する。	○めあてを確認して，好きなものや嫌いなものを知ろうとする意欲を高めさせる。
めあて　好きなものや嫌いなものを知ろう。	
Main activities	
4　チャンツ，聞き取りクイズ[1]，タッチゲーム，聞き取りクイズ[2]をする。	○ Main activities の活動を知らせ，活動の見通しをもたせる。
≪①チャンツ♪ I like blue. ♪≫ “Let's Try!1” p.14, 15	≪①チャンツ≫ Let's Chant
・音声を聞きながら，リズムに合わせて発声する。	○子どもと一緒にチャンツをする。
≪②聞き取りクイズ[1]≫ “Let's Try!1” p.16	≪②聞き取りクイズ[1]≫ Let's Listen2
・それぞれの人物の好き嫌いを聞き取り，表に書く。 ・それぞれの人物の好き嫌いを発表する。	○音声を聞かせて，p.16の表に記入させる。 ○子どもに発表させながら，それぞれの人物の好き嫌いを確認する。
≪③タッチゲーム≫	≪③タッチゲーム≫
・それぞれの人物の絵カードを２人に１組分用意する。 ・ヒントを聞いて，わかった人物の絵カードを指す。 ・多く正解した方が勝ち。	○人物のスポーツの好き嫌いを聞き取り，人物の絵カードにタッチさせる。 ○慣れてきたら，子どもに発話させる。 ※人物の好き嫌いを聞き取り，意欲的に活動している。 ＜行動観察＞
≪④聞き取りクイズ[2]≫	≪④聞き取りクイズ[2]≫
・担任の好きなものや嫌いなものを聞き取る。 ・聞き取ったことを発表する。	○担任の好きなものや嫌いなものを発話する。 ○聞き取ったことを発表させる。
Looking back	
5　本時の学習を振り返る。 ○振り返りカードに，自分が進んで学習したことや友だちのよいところなどを書き，発表する。	○会話の楽しさや新しい気づき等を発表させ，称賛し合わせる。
6　終わりの挨拶をする。 ○次時活動の予告を聞く。 Thank you very much. Goodbye, Mr. (Ms.)～. See you.	○終わりの挨拶をする。 That's all for today. You did a great job! Goodbye, everyone. See you next time.

I like blue.　すきなものをつたえよう

Unit4　第3時　学習指導案　11

1 単　元　I like blue.（４時間）

2 主　題　「友だちにインタビューしよう」（３／４）

3 ねらいと評価のポイント

○友だちの好みについて知ったり，自分のことを積極的に伝えたりする。（思考・判断・表現）

○“Do you like ~?” “Yes, I do.” “No, I don’t.” の表現を使って，好きなものについて尋ねたり答えたりしようとする。（態度）

4 準　備　電子黒板，色の絵カード，ワークシート，振り返りカード

5 展　開

子どもの活動	ＨＲＴの支援と評価（※）
Warming up	
1　はじめの挨拶をする。 Hello, Mr. (Ms.) ～. I’m fine, thank you. How are you?	○笑顔で楽しい雰囲気をつくり，挨拶をする。 Hello, everyone. How are you today? I’m fine, thank you.
2　♪ The Rainbow Song ♪を歌う。（“Let’s Try!1”p.14, 15）	○色の絵カードを指し示しながら，一緒に歌う。
3　今日のめあてを確認する。	○めあてを確認して，友だちにインタビューしようとする意欲を高めさせる。
めあて　友だちにインタビューしよう。	
Main activities	
4　チャンツ，聞き取りクイズ，インタビューゲームをする。	○ Main activities の活動を知らせ，活動の見通しをもたせる。
≪①チャンツ♪ I like blue. ♪≫ “Let’s Try!1” p.14, 15 ・音声を聞きながら，リズムに合わせて発声する。	≪①チャンツ≫ Let’s Chant ○子どもと一緒にチャンツをする。
≪②聞き取りクイズ≫ “Let’s Try!1” p.16 ・２人の会話を聞き取り，好きなものだけを○で囲む。 ・２人の好きなものを発表する。	≪②聞き取りクイズ≫ Let’s Listen3 ○音声を聞かせて，p.16の図に○をつけさせる。 ○子どもに発表させながら，登場人物の好きなものを確認する。
≪③インタビューゲーム≫ ・できるだけ多くの友だちにインタビューをして，好みが同じ友だちを探す。 ・インタビューをして，感想や気づいたことを発表する。	≪③インタビューゲーム≫ ○ペアで伝え合わせて慣れさせる。 ○できるだけ多くの友だちとインタビューをして，好みが同じ友だちを探すことを伝える。 ○自分と同じ好みだった友だちの人数を確認させる。 ○感想や気づいたことを発表させる。 ※進んでインタビュー活動に参加している。　<行動観察>
Looking back	
5　本時の学習を振り返る。 ○振り返りカードに，自分が進んで学習したことや友だちのよいところなどを書き，発表する。	○会話の楽しさや新しい気づき等を発表させ，称賛し合わせる。
6　終わりの挨拶をする。 ○次時活動の予告を聞く。 Thank you very much. Goodbye, Mr. (Ms.) ～. See you.	○終わりの挨拶をする。 That’s all for today. You did a great job! Goodbye, everyone. See you next time.

I like blue.　すきなものをつたえよう

Unit4 第4時 学習指導案　12

1 単　元　I like blue.（4時間）

2 主　題　「好きなものを言って自己紹介しよう」（4／4）

3 ねらいと評価のポイント

○ “I'm ~.” “I like ~.” の表現を使って，自己紹介をする。　（思考・判断・表現）

○友だちの自己紹介に，興味をもって聞こうとしている。　（態度）

4 準　備　電子黒板，好きなもの絵カード，色鉛筆，ワークシート，振り返りカード

5 展　開

子どもの活動	ＨＲＴの支援と評価（※）
Warming up 1　はじめの挨拶をする。 Hello, Mr.（Ms.）～. I'm fine, thank you. How are you? 2　♪ The Rainbow Song ♪を歌ったり，チャンツ♪ I like blue. ♪をしたりする。（“Let's Try!1”p.14，15） 3　今日のめあてを確認する。	○笑顔で楽しい雰囲気をつくり，挨拶をする。 Hello, everyone. How are you today? I'm fine, thank you. ○リズムに合わせて一緒に歌を歌ったり，チャンツをしたりする。 ○めあてを確認して，好きなものを言って自己紹介しようとする意欲を高めさせる。
めあて　好きなものを言って自己紹介しよう。	
Main activities 4　Teacher's Talk，ライティング，自己紹介の練習，自己紹介しようをする。	○ Main activities の活動を知らせ，活動の見通しをもたせる。
≪① Teacher's Talk ≫ ・担任の好きなものなどを推測しながら聞く。 ・聞き取った内容を発表する。	≪① Teacher's Talk ≫ ・担任の好きなものなどを今までに学習した単語を入れて紹介する。 （今までに学習していない単語で，子どもが興味をもちそうなものを入れてもよい。） ・聞き取れた単語を，好きなもの絵カードを貼って確認させる。
≪②ライティング≫“Let's Try!1”p.17 ・好きなものなどを考えて，テキストに絵を描く。 ・ワークシートに自己紹介を書く。	≪②ライティング≫ Activity2 ○好きなものや嫌いなものの絵を描かせる。 ○ワークシートに好きなものや嫌いなものの単語を書かせて，自己紹介を完成させる。
≪③自己紹介の練習≫ ・ペアで練習をする。 ・話し手は，聞き手の方を見て話す。 ・聞き手は，アイコンタクトや相づちを意識する。 ・聞き終わったら，よかったところや直した方がよいところを伝える。	≪③自己紹介の練習≫ ○ペアで練習をさせて慣れさせる。 ○よかったところなどを伝え合わせる。 （学習していない単語を使いたいと思っている子どもの支援をする。）
≪④自己紹介しよう≫ ・自己紹介をする。 ・聞き取った内容や感想を発表する。	≪④自己紹介しよう≫ ○聞き手は，“Nice!” や “Good job!” などのコメントを言わせたり，感想を伝えたりするようにさせる。 ○内容の確認をする。 ○感想を発表させる。 ※聞き手を意識しながら自己紹介を発表したり，興味をもって聞いたりしている。　<行動観察>
Looking back 5　本時の学習を振り返る。 ○振り返りカードに，自分が進んで学習したことや友だちのよいところなどを書き，発表する。 6　終わりの挨拶をする。 ○次時活動の予告を聞く。 Thank you very much. Goodbye, Mr.（Ms.）～. See you.	○会話の楽しさや新しい気づき等を発表させ，称賛し合わせる。 ○終わりの挨拶をする。 That's all for today. You did a great job! Goodbye, everyone. See you next time.

What do you like?　何がすき？

Unit5のポイント

1．単元のねらい

ここでは，身の回りにある外来語を中心に，日本語と英語との音声の違いに着目して，さまざまな活動を通して発音に慣れ親しんだり，使えるようにしたりします。また，Unit 4で好き嫌いについて尋ね合ったこと受け，ある種類の中で何が好きなのかを尋ねたり答えたりします。国語科では３年生または４年生で外来語を学ぶことになるので，履修前の場合には，外来語の定義や例を数多く示す必要があります。

この単元で出てくる主な語彙

what：何　color：色　sport：スポーツ　volleyball：バレーボール　table tennis：卓球
food：食べ物　hamburger：ハンバーガー　pizza：ピザ　spaghetti：スパゲティー
steak：ステーキ　salad：サラダ　cake：ケーキ　noodle：麺　egg：卵
rice ball：おにぎり　jam：ジャム　fruit：果物　grape：ぶどう　pineapple：パイナップル
peach：桃　melon：メロン　banana：バナナ　kiwi fruit：キウイ　lemon：レモン

2．覚えたい英語表現

⑴A：What do you like?
　B：I like bananas.
⑵A：What sport do you like?
　B：I like baseball.

3．言語活動成功のポイント

Unit 4では好き嫌いをDo you like～? で尋ね合わせましたが，ここでは，それをもとに，種類（カテゴリー）について尋ねる言い方を知り，尋ね合わせます。Unit 4での尋ねる言い方に慣れてない子どもたちのためにも，What を導入する前に，再度，Do you like～？で活動させてからWhat につなぎます。Do you の表現から What の表現になった途端に，わからなくなる子どもが若干いますが，それは，導入の仕方に問題があるからです。Do you like baseball? − Yes, I do. を基本として，What sport do you like? − I like baseball. のように繰り返し，目的となる語彙をそろえて刷り込んでいきます。

Unit 4では，Do you like baseball? など，ある特定のものについての好き嫌いを尋ね合わせたので，子どもたちの間での情報の広がりは期待できませんでした。しかし，ここではそれに加えて，種類全般について尋ねる What（sport）do you like? を使うことにより，さまざまな情報を収集することができます。この表現を用いて，「このクラスで最も人気のあるスポーツは何か」「最も人気の果物は何か」「最も人気のあるタレントは誰か」など，子どもの興味関心を調査することで，英語の使い方について体得させることができます。これらをもとに，クラスのベストスポーツ，ベストフルーツなど，調査の結果をまとめることで，知的に面白い活動になっていきます。

What do you like?　何がすき？

Unit5　第１時　学習指導案　13

1 単　元　What do you like?（４時間）

2 主　題「何が好きかを尋ねたり答えたりする表現を知ろう」（１／４）

3 ねらいと評価のポイント

○さまざまな身の回りのものの言い方を知り，日本語と英語の音声の違いや面白さに気づく。（知識・技能）

○“What do you like?” “I like〜.” の表現を使いながら，何が好きかを尋ねたり答えたりする表現に慣れ親しむ。（知識・技能）

4 準　備　電子黒板，食べ物やスポーツの絵カード，振り返りカード

5 展　開

子どもの活動	ＨＲＴの支援と評価（※）
Warming up １　はじめの挨拶をする。 Hello, Mr. (Ms.)〜. I'm fine, thank you.　How are you? ２　Teacher's Talk を聞く。 担任の話を推測しながら聞く。 ３　今日のめあてを確認する。	○笑顔で気楽な雰囲気をつくり，挨拶をする。 Hello, everyone. How are you today?　I'm fine, thank you. ○絵カードを見せ，ジェスチャーをつけて紹介する。 I like red.　I like apples.　I like sushi. ○めあてを確認させ，何が好きかを尋ねたり答えたりする表現を知ろうとする意欲を高めさせる。
めあて　何が好きかを尋ねたり答えたりする表現を知ろう。	
Main activities ４　ヒントクイズ，キーワードゲーム，おはじきゲーム，チャンツをする。	○ Main activities の活動を知らせ，活動の見通しをもたせる。
≪①ヒントクイズ≫“Let's try!1” p.18, 19 ・ヒントを聞いて，何の食べ物やスポーツかを推測し，発表する。 ・p.18, 19の絵を見て，音声を聞きながら，発話された絵を押さえ，食べ物やスポーツの言い方を練習する。 ・日本語と英語の発音の違いやその面白さなどに気づく。	≪①ヒントクイズ≫ ○スポーツや食べ物について，カテゴリーや色などのヒントを出し，何の食べ物やスポーツかを当てさせる。 ○子どもは日本語で答えてもよいが，その都度，英語で言い方を紹介する。 ○音声を聞きながら，発音された絵を押さえさせる。 ※日本語と英語の発音の違いやその面白さなど，気づいたことを発表している。＜行動観察＞
≪②キーワードゲーム≫“Let's try!1” p.18, 19 ・ペアで向かい合い，２人の間に消しゴム等を置く。 ・p.18, 19の絵カードからキーワードを１つ選ぶ。 ・担任が単語を言った後，繰り返し発話し，キーワードを言われたら，繰り返さずに消しゴム等を取る。 ・キーワードを替えてゲームを繰り返す。	≪②キーワードゲーム≫ ○キーワードを１つ決め，その絵カードを見せて確認する。 ○慣れてきたら，単語だけでなく，“I like〜.” 等，文でゲームをするようにする。
≪③おはじきゲーム≫“Let's try!1” p.18, 19 ・p.18, 19の絵から自分の好きなものを５つ選んで，おはじきを置く。 ・“What do you like?” と聞き，担任が発話した “I like〜.” を言った後，その絵のおはじきを取っていく。あと１個になったらリーチ，全部なくなったら，“Finished!” と言う。	≪③おはじきゲーム≫ Let's Play ○ “I like〜.” と答え，絵を黒板に貼っていく。 ○ “What do you like?” と尋ねさせてから，発話された絵のおはじきを取らせる。
≪④チャンツ♪ What do you like? ♪≫“Let's try!1” p.18, 19 ・音声を聞きながら，チャンツをする。 ・チャンツのリズムに合わせて，好きな色や果物等を発話する。	≪④チャンツ≫ Let's Chant ○絵カードを見せながら，チャンツをさせる。 ○慣れてきたら，子どもが言いたいものを選ばせ，それに置きかえて言わせる。
Looking back ５　本時の学習を振り返る。 ○振り返りカードに，会話の楽しさや新しい気づき，友だちのよいところ等を書き，発表する。 ６　終わりの挨拶をする。 Thank you very much. Goodbye, Mr. (Ms.)〜.　See you.	○会話の楽しさや新しい気づき，友だちや自分のがんばったこと等を発表させ，称賛し合わせる。 ○終わりの挨拶をする。 That's all for today.　You did a great job! Goodbye, everyone.　See you next time.

Unit5　第2時　学習指導案

1 単　元　What do you like?（４時間）

2 主　題　「何が好きか，聞き取ろう」（２／４）

3 ねらいと評価のポイント

○今まで学習してきたことをもとに会話の内容をつかみ，何が好きか聞き取る。

（思考・判断・表現）

○“What～do you like?” “I like～.” の表現を使いながら，何が好きかを尋ねたり答えたりしている。

（態度）

4 準　備　電子黒板，食べ物やスポーツの絵カード，振り返りカード

5 展　開

子どもの活動	ＨＲＴの支援と評価（※）
Warming up 1　はじめの挨拶をする。 Hello, Mr. (Ms.)～. I'm fine, thank you. How are you? 2　前時の復習をする。 ○チャンツ♪ What do you like? ♪をする。 3　今日のめあてを確認する。	○笑顔で気楽な雰囲気をつくり，挨拶をする。 Hello, everyone. How are you today? I'm fine, thank you. ○絵カードを見せながら，チャンツをする。 ○ p.18，19の絵で好きなものを尋ねる。 ○めあてを確認させ，何が好きか聞き取ろうとする意欲を高めさせる。
めあて　何が好きか，聞き取ろう。	
Main activities 4　ポインティングゲーム，聞き取りクイズ，何が好き？，ステレオゲームをする。	○ Main activities の活動を知らせ，活動の見通しをもたせる。
≪①ポインティングゲーム≫ “Let's try!1” p.18, 19 ・ペアを組み，２人の間にテキストを置き，p.18，19を開く。 ・担任に “What do you like?” と聞く。 ・担任が発話した “I like～.” の絵カードを指さす。	≪①ポインティングゲーム≫ ○ペアをつくらせ，２人の間にテキストを１冊置かせ，p.18, 19を開けさせる。 ○子どもが聞いてきたら，担任は “I like～.” で，好きなものを言う。 ○担任が言った絵を指さすように指示する。
≪②聞き取りクイズ≫ “Let's try!1” p.20 ・３人は何を好きか，音声を聞いて，線で結ぶ。 ・音声を聞きながら，答えを確認する。	≪②聞き取りクイズ≫ Let's Listen ○絵カードのスポーツや食べ物を確認させる。 ○音声を２回聞かせ，３人は何が好きか線で結ばせる。 ○再度音声を聞かせ，答えを確認していく。
≪③何が好き？≫ “Let's try!1” p.21 ・映像を視聴し，どのようなスポーツや食べ物があるか答える。 ・登場人物が何が好きかを予想する。 ・映像に映る人物に “What～do you like?” と尋ね，好きなものを聞き取る。 ・聞き取れたことを発表する。	≪③何が好き？≫ Let's Watch and Think ○映像を視聴させ，どのようなスポーツや食べ物があるか尋ねる。 ・映像を途中で止め，登場人物が何を好きか予想させる。 ・映像に映る人物に “What～do you like?” と尋ねさせる。 ・聞き取れたことを確かめさせる。 ※音声の内容が聞き取れている。　<行動観察>
≪④ステレオゲーム≫ ・指名された数名の子どもは，好きなものを選び，覚える。 ・担任の合図で子どもが一斉に言う。 ・他の子どもは，聞こえた好きなものを発表する。 What～do you like? I like～. ・メンバーを入れ替え，色・スポーツ・食べ物など尋ねるパターンをいろいろ変えて行う。	≪④ステレオゲーム≫ ○ステレオゲームの説明をする。 ○数名の子どもを指名し，前に並ばせる。 ○合図で各自好きなものを一斉に言わせる。 ○他の子どもに，聞こえたものを発表させる。 ○色・スポーツ・食べ物など尋ねるパターンをいろいろ変えて行わせる。
Looking back 5　本時の学習を振り返る。 ○振り返りカードに，会話の楽しさや新しい気づき，友だちのよいところ等を書き，発表する。 6　終わりの挨拶をする。 Thank you very much. Goodbye, Mr. (Ms.)～. See you.	○会話の楽しさや新しい気づき，友だちや自分のがんばったこと等を発表させ，称賛し合わせる。 ○終わりの挨拶をする。 That's all for today. You did a great job! Goodbye, everyone. See you next time.

What do you like?　何がすき？

Unit5　第3時　学習指導案　15

1 単　元　What do you like?（４時間）

2 主　題　「何が好きかを尋ねたり答えたりしよう」（３／４）

3 ねらいと評価のポイント

○何が好きかを尋ねたり答えたりして伝え合う。（思考・判断・表現）

○何が好きかを尋ねたり答えたりして，友だちと積極的に交流を楽しんでいる。（態度）

4 準　備　電子黒板，振り返りカード

5 展　開

子どもの活動	ＨＲＴの支援と評価（※）
Warming up １　はじめの挨拶をする。 Hello, Mr. (Ms.)～. I'm fine, thank you. How are you?	○笑顔で気楽な雰囲気をつくり，挨拶をする。 Hello, everyone. How are you today? I'm fine, thank you.
２　前時の復習をする。 ○チャンツ♪ What do you like? ♪をする。 ○ステレオゲームをする。	○子どもが言いたいものを選ばせ，それに置きかえてチャンツをする。 ○何が好きかを尋ねたり答えたりするステレオゲームを行わせる。
３　今日のめあてを確認する。	○めあてを確認させ，何が好きかを尋ねたり答えたりしようとする意欲を高めさせる。
めあて　何が好きかを尋ねたり答えたりしよう。	
Main activities ４　チェーンゲーム，担任にインタビュー（ゲスゲーム），インタビューゲームをする。	○ Main activities の活動を知らせ，活動の見通しをもたせる。
≪①チェーンゲーム≫	≪①チェーンゲーム≫
・５，６人で１列になる。 ・先頭の子どもが２番目の子どもに "What～do you like?" と聞き，２番目の子どもは "I like～." と答える。 ・２番目の子どもが３番目の子どもに同じように聞いていき，最後尾の子どもは先頭の子どものところに行って同じように聞く。先頭の子どもが答えたら，"Finished!" と言って全員座る。	○チェーンゲームの仕方を説明する。 ○尋ね方や答え方で戸惑う子どもに寄り添い，一緒に質問したり答えたりする。 ○最後尾の子どもが先頭の子どものところに行く時は，走らないように安全に気をつけさせる。 ○尋ねる内容を，色・スポーツ・食べ物などに変えて続ける。
≪②担任にインタビュー（ゲスゲーム）≫	≪②担任にインタビュー（ゲスゲーム）≫
・担任の好きな果物・色・スポーツなどを推測する。 ・子どもは，担任に "What～do you like?" と聞いていく。 ・自分の予想が何個合っていたか発表する。	○あらかじめ好きな果物・色・スポーツなどを決めておく。 ○子どもが聞いてきたら，担任は身の回りにある色などを指さしたり，ジェスチャーを加えたりしながら "I like～." と，好きなものを言う。 ○相手に伝わるような工夫についても気づかせ，インタビューゲームにつながるよう，楽しい雰囲気で行う。
≪③インタビューゲーム≫ "Let's try!1" p.20	≪③インタビューゲーム≫ Activity1
・グループの友だちの好きなものを予想して p.20の表に記入する。 ・グループの友だちに何が好きかインタビューをし，p.20の表の回答欄に答えを記入する。 ・インタビューをして，気づいたことを発表する。	○４人程度のグループでゲームを行わせる。 ○担任と代表の子どもとで，インタビューの仕方をモデルを示しながら説明する。 ○日頃互いに知っていることをもとに，好きなものを予想させる。 ○グループでペアをつくらせ，交互に質問させる。 ○友だちについて気づいたことを発表させる。 ※積極的に友だちに何が好きか尋ねたり答えたりしている。 ＜行動観察＞
Looking back ５　本時の学習を振り返る。 ○振り返りカードに，会話の楽しさや新しい気づき，友だちのよいところ等を書き，発表する。	○会話の楽しさや新しい気づき，友だちや自分のがんばったこと等を発表させ，称賛し合わせる。
６　終わりの挨拶をする。 Thank you very much. Goodbye, Mr. (Ms.)～. See you.	○終わりの挨拶をする。 That's all for today. You did a great job! Goodbye, everyone. See you next time.

What do you like?　何がすき？

Unit5　第4時　学習指導案　16

1　単　元　What do you like?（4時間）

2　主　題　「友だちは何が好きかを尋ね合おう」（4／4）

3　ねらいと評価のポイント

○相手に伝わるように工夫しながら，何が好きかを尋ねたり答えたりする。（思考・判断・表現）

○何が好きかを尋ねたり答えたりして，友だちと積極的に交流を楽しんでいる。（態度）

4　準　備　電子黒板，振り返りカード

5　展　開

子どもの活動	HRTの支援と評価（※）
Warming up 1　はじめの挨拶をする。 Hello, Mr.（Ms.）〜. I'm fine, thank you. How are you? 2　前時の復習をする。 ○チャンツ♪ What do you like? ♪をする。 ○ステレオゲームをする。 3　今日のめあてを確認する。	○笑顔で気楽な雰囲気をつくり，挨拶をする。 Hello, everyone. How are you today? I'm fine, thank you. ○子どもが言いたいものを選ばせ，それに置きかえてチャンツをする。 ○何が好きかを尋ねたり答えたりするステレオゲームを行わせる。 ○めあてを確認させ，友だちが何が好きかを尋ね合おうとする意欲を高めさせる。
めあて　友だちは何が好きかを尋ね合おう。	
Main activities 4　チェーンゲーム，インタビューゲーム，Who am I? ゲームをする。	○ Main activities の活動を知らせ，活動の見通しをもたせる。
≪①チェーンゲーム≫ ・5，6人で1列になる。 ・先頭の子どもが2番目の子どもに "What〜do you like?" と聞き，2番目の子どもは "I like〜." と答える。 ・2番目の子どもが3番目の子どもに同じように聞いていき，最後尾の子どもは先頭の子どものところに行って同じように聞く。先頭の子どもが答えたら，"Finished!" と言って全員座る。	≪①チェーンゲーム≫ ○前時と違うメンバーで列をつくり，ゲームを行わせる。 ○尋ね方や答え方で戸惑う子どもに寄り添い，一緒に質問したり答えたりする。 ○最後尾の子どもが先頭の子どものところに行く時は，走らないように安全に気をつけさせる。 ○尋ねる内容を，色・スポーツ・食べ物などに変えて続ける。
≪②インタビューゲーム≫ "Let's try!1" p.21 ・food（食べ物），color（色）以外で尋ねたいカテゴリーがあれば（果物やスポーツなど）1つ決め，表の右上の空欄に書く。 ・友だちに "What〜do you like?" と尋ね，ワークシート Unit5-1に聞き取ったことを記入する。 ・相手に伝わるように工夫しながら友だちに好きなものを尋ねたり答えたりする。 ・インタビューして，気づいたことや感想を発表する。	≪②インタビューゲーム≫ Activity2 ○担任と代表の子どもとで，インタビューの仕方をモデルを示しながら説明する。 ○ food（食べ物），color（色）以外で尋ねたいカテゴリーがあれば（果物やスポーツなど）1つ決め，表の右上の空欄に書かせる。 ○相手に伝わるように工夫しながら，友だちに好きなものを尋ねたり答えたりさせる。 ○活動の途中で，ジェスチャーを加えている子などを紹介する。 ○インタビューして，気づいたことや感想を発表させる。 ※積極的に友だちに何が好きか尋ねたり答えたりしている。 <行動観察，"Let's Try!1" の点検>
≪③ Who am I? ゲーム≫ ・インタビューの答えをもとに，誰のことか推測しながら聞く。 ・聞き取れた内容を確認し，誰のことかを発表する。	≪③ Who am I? ゲーム≫ ○子どものワークシートをもとに問題を出す。 ○誰のことなのかを推測しながら聞かせる。 ○聞き取れた内容を確認し，誰のことかを確認する。
Looking back 5　本時の学習を振り返る。 ○振り返りカードに，会話の楽しさや新しい気づき，友だちのよいところ等を書き，発表する。 6　終わりの挨拶をする。 Thank you very much. Goodbye, Mr.（Ms.）〜. See you.	○会話の楽しさや新しい気づき，友だちや自分のがんばったこと等を発表させ，称賛し合わせる。 ○終わりの挨拶をする。 That's all for today. You did a great job! Goodbye, everyone. See you next time.

ALPHABET　アルファベットとなかよし

Unit6のポイント

1. 単元のねらい

ここでは，アルファベットの大文字を取り扱います。国立教育政策研究所の調査では，大文字の表記についての定着率は小文字と比較して高いのですが，音に関しては，MとN，BとVなど，判別が難しい場合も見受けられます。

Unit 6では，文字の表記に慣れることと，今後書くことへの道筋として，名前の頭文字を書き写す活動が用意されています。ここで書くことへの抵抗感を感じさせると，後々大きな課題となってくるので，楽しみながら書く活動を組む必要があります。

この単元で出てくる主な語彙

the：その　card：カード　alphabet：アルファベット　please：どうぞ　here：ここ
thank：感謝する　welcome：感謝して　book：本　drum：ドラム　fish：魚
gorilla：ゴリラ　hat：帽子　ink：インク　jet：ジェット機　king：王様　monkey：猿
notebook：ノート　pig：豚　queen：女王　rabbit：ウサギ　sun：太陽　tree：木
umbrella：傘　violin：バイオリン　watch：時計　box：箱　yacht：ヨット

2. 覚えたい英語表現

(1)A：The “M” card, please.
　B：OK. Here you are.
　A：Thank you.
　B：You’re welcome.

3. 言語活動成功のポイント

授業でプリント類を子どもたちに渡す時には，常にHere you are. と言って渡します。これに対して，子どもたちはThank you. と答えながら受け取らせる習慣を身につけさせます。この躾が後まで続き，日本語でも「ありがとうございます」と答えるように育っていきます。英語と日本語は別ものとは考えずに，言葉の教育であると理解してもらいたいと思います。

アルファベットを定着させるには，目から文字情報を入れることです。アルファベット一覧表を教室や廊下に貼り，子どもたちの目に触れるようにします。以下のアドレスに連絡いただければ，菅ゼミ学生と㈱サクラクレパスとで作成した写真の「アルファベット一覧表」をお送りします。活用いただければ幸いです。

連絡先：kan.masataka@osaka-shoin.ac.jp
（菅　正隆）
（必要枚数と送り先をお知らせください。）

Unit6　第1時　学習指導案

1 単　元　ALPHABET（４時間）

2 主　題　「アルファベットを読もう」①（１／４）

3 ねらいと評価のポイント

○アルファベットの大文字の読み方を知り，アルファベットの読み方と文字とを一致させている。（思考・判断・表現）

○積極的にアルファベットの大文字を探したり，読んだりしようとしている。（態度）

4 準　備　電子黒板，アルファベットカード，振り返りカード

5 展　開

子どもの活動	ＨＲＴの支援と評価（※）
Warming up	
1　はじめの挨拶をする。 Hello, Mr.（Ms.）～. I'm fine, thank you. How are you?	○笑顔で気楽な雰囲気をつくり，挨拶をする。 Hello, everyone. How are you today? I'm fine, thank you.
2　歌♪ ABC Song ♪（"Let's try!1"p.22, 23）	○黒板にアルファベットの文字カードを貼り，子どもと一緒に歌う。
3　今日のめあてを確認する。	○めあてを確認させ，アルファベットを読もうとする意欲を高めさせる。
めあて　アルファベットを読もう。①	
Main activities	
4　アルファベットをさがそう，かるたゲーム，ポインティングゲームをする。	○ Main activities の活動を知らせ，活動の見通しをもたせる。
≪①アルファベットをさがそう≫“Let's try!1”p.22, 23	≪①アルファベットをさがそう≫ Let's Watch and Think
・デジタル教材を視聴し，アルファベットの大文字を知る。 ・紙面にある街のイラストからアルファベットを探す。 ・紙面の街から見つけたアルファベットの大文字を発表する。	○デジタル教材を視聴させ，アルファベットの大文字がたくさん使われていることに気づかせる。 ○ここでは，アルファベットの文字が読めればよいとする。 ※たくさんアルファベットを探そうとしている。＜行動観察＞
≪②かるたゲーム≫“Let's try!1”p.22, 23	≪②かるたゲーム≫
・アルファベットカードをばらばらに机の上に置く。 ・担任が言うアルファベットを取り，文字を読む。 A B C D E F G H I J K L M N O P Q R S T U V W X Y Z	○アルファベットを言い，文字を探させる。 ○正解を掲示する。 ○慣れるまで何度か行う。
≪③ポインティングゲーム≫“Let's try!1”p.22, 23	≪③ポインティングゲーム≫
・２人でテキスト１冊を使う。 ・担任が言うアルファベットを指で押さえる。	○テンポよくアルファベットを言う。 ○言ったアルファベットを前に貼っていく。 ○ペアで，同時に行わせたり，２つのアルファベットを言って順番に押さえさせたりして，慣れるまで何度か行う。
Looking back	
5　本時の学習を振り返る。 ○振り返りカードに，会話の楽しさや新しい気づき，友だちのよいところ等を書き，発表する。	○会話の楽しさや新しい気づき等を発表させ，称賛し合わせる。
6　終わりの挨拶をする。 Thank you very much. Goodbye, Mr.（Ms.）～. See you.	○終わりの挨拶をする。 That's all for today. You did a great job! Goodbye, everyone. See you next time.

Unit6　第2時　学習指導案

1 単　元　ALPHABET（４時間）

2 主　題　「アルファベットを読もう」②（２／４）

3 ねらいと評価のポイント

○アルファベットの大文字の読み方を知り，アルファベットの読み方と文字とを一致させている。（思考・判断・表現）

○積極的にアルファベットの大文字を読んでいる。（態度）

4 準　備　電子黒板，アルファベットカード，振り返りカード

5 展　開

子どもの活動	ＨＲＴの支援と評価（※）
Warming up	
１　はじめの挨拶をする。 Hello, Mr.（Ms.）～. I'm fine, thank you. How are you?	○笑顔で気楽な雰囲気をつくり，挨拶をする。 Hello, everyone. How are you today? I'm fine, thank you.
２　歌♪ ABC Song ♪（"Let's try!1"p.22, 23）	○黒板にアルファベットの文字カードを貼り，子どもと一緒に歌う。
３　今日のめあてを確認する。	○めあてを確認させ，アルファベットを読もうとする意欲を高めさせる。
めあて　アルファベットを読もう。②	
Main activities	
４　ドンじゃんけん，アルファベットの文字つなぎクイズをつくろう，アルファベットの文字つなぎクイズをしようをする。	○ Main activities の活動を知らせ，活動の見通しをもたせる。
≪①ドンじゃんけん≫“Let's try!1”p.22, 23	≪①ドンじゃんけん≫
・２人でテキスト１冊を使う。 ・アルファベットを１つずつ押さえながら発音し，出会ったところでじゃんけんをする。 ・じゃんけんに勝ったら次のアルファベットへ進み，負けた方ははじめのカードに戻ってから進める。 ・じゃんけんで勝ち続けて，最後までカードを押さえたら勝ち。 ・慣れてきたら，早く言って進んでいく。	○２人でテキスト１冊を使わせる。 ○モデルを示して，ルールを確認する。 ○制限時間を設け，繰り返しさせる。
≪②アルファベットの文字つなぎクイズをつくろう≫ “Let's try!1”ワークシート Unit6-2	≪②アルファベットの文字つなぎクイズをつくろう≫
・ワークシートに考えて形をつくる。 ・形ができたら，アルファベットを順番に言う練習をする。	○何かの形に見えるようにつくることを伝える。 ○アルファベットを読む練習をさせる。次のクイズに備え，読めるように支援する。
≪③アルファベットの文字つなぎクイズをしよう≫ “Let's try!1”ワークシート Unit6-1	≪③アルファベットの文字つなぎクイズをしよう≫
・２人組で自分がつくったクイズを出し合う。 ・友だちが言うアルファベットを聞き取って，ワークシートの文字をつなぐ。	○聞いたアルファベットをワークシートに書かせる。 ○クイズが出し合えているか確認する。 ※アルファベットの文字つなぎクイズをしている。 ＜行動観察＞
Looking back	
５　本時の学習を振り返る。 ○振り返りカードに，会話の楽しさや新しい気づき，友だちのよいところ等を書き，発表する。	○会話の楽しさや新しい気づき等を発表させ，称賛し合わせる。
６　終わりの挨拶をする。 Thank you very much. Goodbye, Mr.（Ms.）～. See you.	○終わりの挨拶をする。 That's all for today. You did a great job! Goodbye, everyone. See you next time.

ALPHABET　アルファベットとなかよし

Unit6　第3時　学習指導案　19

1 単　元　ALPHABET（４時間）

2 主　題　「アルファベットを仲間分けしよう」（３／４）

3 ねらいと評価のポイント

○アルファベットを仲間分けしている。（思考・判断・表現）

○仲間分けしたアルファベットを紹介しようとしている。（態度）

4 準　備　電子黒板，アルファベットカード，振り返りカード

5 展　開

子どもの活動	ＨＲＴの支援と評価（※）
Warming up	
1　はじめの挨拶をする。 Hello, Mr. (Ms.)～. I'm fine, thank you. How are you?	○笑顔で気楽な雰囲気をつくり，挨拶をする。 Hello, everyone. How are you today? I'm fine, thank you.
2　歌♪ ABC Song ♪（"Let's try!1"p.22, 23）	○黒板にアルファベットの文字カードを貼り，子どもと一緒に歌う。
3　今日のめあてを確認する。	○めあてを確認させ，アルファベットを仲間分けしようとする意欲を高めさせる。
めあて　アルファベットを仲間分けしよう。	
Main activities	
4　線つなぎゲーム，アルファベットの仲間分けをしよう，アルファベットの仲間分けを発表しようをする。	○ Main activities の活動を知らせ，活動の見通しをもたせる。
≪①線つなぎゲーム≫ "Let's try!1" ワークシート Unit6-3 ・ワークシートを用意し，聞こえたアルファベットの文字を線で結んでいく。 ・線で結んだ結果が何かを発表する。	≪①線つなぎゲーム≫ ○ゲームの仕方を説明する。 ○アルファベットの文字をその都度確認していく。 ○アルファベットの文字の順番を確認し，答え合わせをする。
≪②アルファベットの仲間分けをしよう≫ "Let's try!1" p.24 ・例で分けられているアルファベットを見て，仲間分けをした時にどのような名前をつけるか考える。 ・アルファベットカードの仲間分けをする。 ・どのような仲間に分けたかがわかるようにタイトルをつける。	≪②アルファベットの仲間分けをしよう≫ Let's Play ○例に書かれているアルファベットを読んで，特徴を紹介する。 ○アルファベットカードを特徴によって仲間分けするようにアドバイスする。 ※文字の形などに着目して仲間分けをしようとしている。 <行動観察，"Let's try!1" の点検>
≪③アルファベットの仲間分けを発表しよう≫ "Let's try!1" p.24 ・どのようなタイトルをつけ，アルファベットをどのように分けたかを発表する。	≪③アルファベットの仲間分けを発表しよう≫ ○子どもが発表したアルファベットを前に貼っていく。 ○タイトルに合った特徴を紹介する。
Looking back	
5　本時の学習を振り返る。 ○振り返りカードに，会話の楽しさや新しい気づき，友だちのよいところ等を書き，発表する。	○会話の楽しさや新しい気づき等を発表させ，称賛し合わせる。
6　終わりの挨拶をする。 Thank you very much. Goodbye, Mr. (Ms.)～. See you.	○終わりの挨拶をする。 That's all for today. You did a great job! Goodbye, everyone. See you next time.

ALPHABET　アルファベットとなかよし　20

Unit6　第4時　学習指導案

1 単　元　ALPHABET　アルファベットとなかよし（４時間）

2 主　題「アルファベットカードを交換し合おう」（４／４）

3 ねらいと評価のポイント

○自分の名前の頭文字のアルファベットを知っている。（知識・技能）

○アルファベットカードを交換している。（態度）

4 準　備　電子黒板，アルファベットカード，振り返りカード

5 展　開

子どもの活動	ＨＲＴの支援と評価（※）
Warming up 1　はじめの挨拶をする。 Hello, Mr. (Ms.)～. I'm fine, thank you. How are you? 2　歌♪ ABC Song ♪（“Let's try!1”p.22, 23） 3　今日のめあてを確認する。	○笑顔で気楽な雰囲気をつくり，挨拶をする。 Hello, everyone. How are you today? I'm fine, thank you. ○黒板にアルファベットの文字カードを貼り，子どもと一緒に歌う。 ○めあてを確認させ，アルファベットカードを交換し合おうとする意欲を高めさせる。
めあて　アルファベットカードを交換し合おう。	
Main activities 4　線つなぎゲーム，名前の頭文字を交換し合おう，頭文字のカードを発表しようをする。	○ Main activities の活動を知らせ，活動の見通しをもたせる。
≪①線つなぎゲーム≫ “Let's try!1”ワークシート Unit6-4,5 ・ワークシートを用意し，聞こえたアルファベットの文字を線で結んでいく。 ・線で結んだ結果が何かを発表する。	≪①線つなぎゲーム≫ ○ゲームの仕方を説明する。 ○アルファベットの文字をその都度確認していく。 ○アルファベットの文字の順番を確認し，答え合わせをする。
≪②名前の頭文字を交換し合おう≫“Let's try!1”p.25 ・自分や友だち，家族の名前の頭文字のカードを交換し合って，紙面に貼る。 Hi! The “O” card, please. Here you are. Thank you. You're welcome. ・友だちが，頭文字のカードを持っていない場合は，お礼を言って，次の友だちのところに行く。 Hi! The “O” card, please. I don't have the “O” card, sorry. That's OK. Bye.	≪②名前の頭文字を交換し合おう≫ Activity ○やり方を説明する。 ○予備のアルファベットカードを用意しておく。 ○同じ頭文字のカードを何枚かもらってもよいとする。 ○多く集めることが目的にならないように配慮する。 ※名前の頭文字のアルファベットカードを交換し合っている。 ＜行動観察，“Let's try!1”の点検＞
≪③頭文字のカードを発表しよう≫“Let's try!1”p.25 ・集めた頭文字のカードを発表する。 Hello, everyone. I'm Tanaka Hanako. “T” and “H”. Thank you.	≪③頭文字のカードを発表しよう≫ Activity ○言ったアルファベットを前に貼る。
Looking back 5　本時の学習を振り返る。 ○振り返りカードに，会話の楽しさや新しい気づき，友だちのよいところ等を書き，発表する。 6　終わりの挨拶をする。 Thank you very much. Goodbye, Mr. (Ms.)～. See you.	○会話の楽しさや新しい気づき等を発表させ，称賛し合わせる。 ○終わりの挨拶をする。 That's all for today. You did a great job! Goodbye, everyone. See you next time.

This is for you.　カードをおくろう

Unit7のポイント

1．単元のねらい

ここでは，子どもたちが欲しいものについて尋ねたり答えたりさせます。使用する語彙は三角形などの形と動物などです。子どもが学ぶ語彙の中では，形を表すものの定着率が低いことが知られています。これは，形自体をイメージできない場合と英語の発音が若干難しいことに起因していると考えられます。ここでも定着は図らず，何度も繰り返して音に慣れさせることです。また，形をイメージさせながら音とつなげるために，常に形のイラスト，写真などを目で見られるように，ボードなどを用意しておきます。

この単元で出てくる主な語彙

want：欲しい　this：これ　a：１つの　for：～のために　big：大きい　small：小さい
square：正方形　rectangle：長方形　star：星　diamond：ひし形　bus：バス
flower：花　shop：店　balloon：風船　house：家　car：車　candy：キャンディ
dog：犬　cat：猫　panda：パンダ　mouse：ネズミ　bear：クマ

2．覚えたい英語表現

⑴A：What do you want?
　B：A dog, please.
　A：Here you are. This is for you.
　B：Thank you. You're welcome.

3．言語活動成功のポイント

欲しいものを相手に伝える時には，通常I want a dog, please. などと言いますが，ここでは，欲しいものを単語だけで言うことにしています。しかし，子どもの状況によっては，文で答えるようにしても構いません。すでにUnit５でI like soccer. などと言い合っているので，likeがwantに置きかえられたと考えれば，それほどの困難さは感じられないでしょう。その場合でも，I like～. を導入してから，I want～. を使わせることで抵抗なく受け入れられます。

また，This is for you. の文ように，相手意識をもって丁寧に話すことが求められる表現については，何度もモデルを示して気づかせることが大切です。特に，for youのforの役割は，言葉で表してもなかなか理解させられないものです。実際に相手の目を見ながら微笑み，心から手渡す仕草を目のあたりにさせたいものです。

また，慣れてきたら，自由に考えさせながら会話をさせることで，思考力，判断力，表現力を向上させるための活動にすることができます。例えば，さまざまな種類（カテゴリー）について質問をさせる状況をつくり，What（sport, color, fruit, food）do you like? と質問を自由にさせることで，さまざまな情報を得ることができます。また，聞く側の子どもも注意深く聞き取ることが求められます。このように，徐々に知的負荷をかけていくことが大切なのです。

This is for you.　カードをおくろう

Unit7　第1時　学習指導案　21

1　単　元　This is for you.（５時間）

2　主　題「いろいろな形やものの言い方に慣れよう」（１／５）

3　ねらいと評価のポイント

○いろいろな形や欲しいものの名前の言い方について，日本語と英語の音声の違いに気づく。（知識・技能）

○いろいろな形やものの言い方を知り，表現やリズムに慣れ親しむ。（知識・技能）

4　準　備　電子黒板，振り返りカード

5　展　開

子どもの活動	ＨＲＴの支援と評価（※）
Warming up 1　はじめの挨拶をする。 Hello, Mr. (Ms.)～. I'm fine, thank you. How are you? 2　Teacher's Talk を聞く。 担任の話を推測しながら聞く。 わかったことを発表する。 3　今日のめあてを確認する。	○笑顔で気楽な雰囲気をつくり，挨拶をする。 Hello, everyone. How are you today? I'm fine, thank you. ○ Look! There are many shapes on my T-shirt. I like stars and hearts. などの話を，指さしをしながらする。そして Do you like stars? How about you? と広げていく。 ○めあてを確認させ，活動の見通しをもたせる。
めあて　いろいろな形やものの言い方に慣れよう。	
Main activities 4　シェイプ・クイズ，ポインティング・ゲーム，チャンツをする。	○ Main activities の活動を知らせ，活動の見通しをもたせる。
≪①シェイプ・クイズ（もの）≫“Let's Try!1”p.26, 27 ・デジタル教材を見て，その形が何の形か考え，答える。 ・形を言い表す英語を聞いて，真似て発音する。 ・指示された形や，ものの名前から形の名前を言う。	≪①シェイプ・クイズ≫ Let's Play1 ○テレビ画面を見せて , 形の名前を言わせ（日本語でよい），何のシルエットなのかを考えさせる。 ○いろいろな予想を受け入れながら，シルエットを開け，英語での言い方を知らせる。 ○全部のシルエットを開けたら，指で差し示したり，ものの名前を言ったりして，形の言い方に慣れさせる。
≪②ポインティング・ゲーム≫“Let's Try!1” p.26, 27 ・ペアで１つのテキスト（p 26，27）の絵を見て，言われた形やものの名前を指さす。競争ではなく，２人とも指さしをして確認する。 ・慣れてきたら，競争で指さしをしたり，片手の指を使って次々に押さえる「指残しゲーム」的にしたりする。 ・ペアの友だちに交代で問題を出す（一斉に30秒ずつで交代など）。	≪②ポインティング・ゲーム≫ Let's Play2 ○絵をよく見せ，絵の中にどのような形がいくつあるかなどを尋ねる。 ○いろいろな形やものの名前を言う。またはデジタル教材の音声を出す。 ○２人で１冊のテキストを開け，早押しのルールで競争させたり，指残しゲームのルールでさせたりする。 ○子どもに問題を出させる（ペアや全体の中で）。 ※いろいろな形やものの名前を理解している。　<行動観察>
≪③チャンツ♪ What do you want? ♪≫ “Let's Try!1”p.26, 27 ・ゆっくりの方の速さの音声を聞き，リズムに合わせてチャンツをする。 ・普通の速さで，チャンツをする。	≪③チャンツ≫ Let's Chant ○はじめてなので，ゆっくりの方を選んで，リズムに合わせてチャンツをさせる。 ○普通の速さでチャンツをさせる。
Looking back 5　本時の学習を振り返る。 ○振り返りカードに，会話の楽しさや新しい気づき，友だちのよいところ等を書き，発表する。 6　終わりの挨拶をする。 Thank you very much. Goodbye, Mr. (Ms.)～. See you.	○会話の楽しさや新しい気づき，友だちや自分のがんばり等を発表させ，称賛し合わせる。 ○終わりの挨拶をする。 That's all for today. You did a great job! Goodbye, everyone. See you next time.

Unit7　第2時　学習指導案

1 単　元　This is for you.（５時間）

2 主　題　「形や数，ものの言い方に慣れ，世界のカードについて知ろう」（２／５）

3 ねらいと評価のポイント

○いろいろな形やものの名前の言い方に慣れる。（知識・技能）

○世界のさまざまなカードについて知り，日本のものと似ているところ，違うところなどを知る。（態度）

4 準　備　電子黒板，振り返りカード

5 展　開

子どもの活動	ＨＲＴの支援と評価（※）
Warming up	
1　はじめの挨拶をする。 Hello, Mr. (Ms.)～. I'm fine, thank you.　How are you?	○笑顔で気楽な雰囲気をつくり，挨拶をする。 Hello, everyone. How are you today?　I'm fine, thank you.
2　チャンツ♪ What do you want? ♪をする。（"Let's Try!1" p.26, 27） 音声を聞いてリズムに乗ってする。	○デジタル教材を使って，チャンツをさせる。 はじめはゆっくりの方でさせて，実態に応じて２回目は普通の速さで行う。
3　今日のめあてを確認する。	○めあてを確認させ，活動の見通しをもたせる。
めあて　形や数，ものの言い方に慣れ，世界のカードについて知ろう。	
Main activities	
4　シェイプ・クイズ（動物），ポインティング・ゲーム，世界のグリーティングカードを見てみようをする。	○ Main activities の活動を知らせ，活動の見通しをもたせる。
≪①シェイプ・クイズ≫ "Let's Try!1" p.26, 27	≪①シェイプ・クイズ≫ Let's Play1
・デジタル教材を見て，形の後ろに何の動物が隠れているか考え，答える。 ・はじめに形を表す英語を復習する。 ・指示された形や，ものの名前から形の名前を言う。 ・映像を見て，何の動物が隠れているか考え，自分の考えを発表する。 ・形と動物の名前を言って，隠れている動物を当てる。	・デジタル教材を見て，形の後ろに何の動物が隠れているか考え，答えさせる。 ・形を言い表す英語を聞いて，真似て発音させる。 ・指示された形や，ものの名前から形の名前を発音させる。わかったことを発表させる。 ・形の名前と隠れている動物を発音させる。 ・出てきた動物の名前を真似て練習させる。
≪②ポインティング・ゲーム≫ "Let's Try!1" p.26, 27	≪②ポインティング・ゲーム≫ Let's Play2
・音声を聞いて形やものを指さす。 ・ペアやグループで問題を出し合う。	・デジタル教材のランダム再生で音声を聞かせ，形の言い方を復習させる。 ・慣れてきたら，ペアやグループで行わせる。 （はじめに代表のグループでモデルを示す。） ・一斉にスタートして，終わりの合図をする。 ※形やものの言い方がわかり，友だちに配慮しながら，尋ね合っている。≪行動観察≫
≪③世界のグリーティングカードを見てみよう≫ "Let's Try!1" p.28	≪③世界のグリーティングカードを見てみよう≫ Let's Watch and Think
・５つのカードのうち，上の２つについてどのようなカードなのかを考え，動画を見て意味を推察する。 ・気がついたことを発表する。 ・自分たちと同じところや違うところなどを話し合う。	○映像を見せて，自分たちと同じところや違うところ，はじめて見たことなどを話し合わせる。 ○話し合ったことを発表させる。
Looking back	
5　本時の学習を振り返る。 ○振り返りカードに，会話の楽しさや新しい気づき，友だちのよいところ等を書き，発表する。	○会話の楽しさや新しい気づき，友だちや自分のがんばり等を発表させ，称賛し合わせる。
6　終わりの挨拶をする。 Thank you very much. Goodbye, Mr. (Ms.)～.　See you.	○終わりの挨拶をする。 That's all for today.　You did a great job! Goodbye, everyone.　See you next time.

Unit7　第3時　学習指導案

1　単　元　This is for you.（5時間）

2　主　題　「欲しい形や数を相手に尋ねたり，答えたりしよう」（3／5）

3　ねらいと評価のポイント

○欲しいものを尋ねたり，相手に伝えたりする表現に慣れる。（知識・技能）

○世界のさまざまなカードについて知り，日本のものと似ているところ，違うところなどを知る。（知識・技能）

4　準　備　電子黒板，ワークシート，色鉛筆，担任が作ったカード，振り返りカード

5　展　開

子どもの活動	ＨＲＴの支援と評価（※）
Warming up 1　はじめの挨拶をする。 Hello, Mr. (Ms.)～. I'm fine, thank you.　How are you? 2　チャンツ♪ What do you want? ♪（"Let's Try!1" p.26, 27） 音声を聞きながら，リズムに乗ってする。 3　今日のめあてを確認する。	○笑顔で気楽な雰囲気をつくり，挨拶をする。 Hello, everyone. How are you today?　I'm fine, thank you. ○音声を聞きながら，リズムに乗ってチャンツをさせる。 ○めあてを確認させ，活動の見通しをもたせる。
めあて　欲しい形や数を相手に尋ねたり，答えたりしよう。	
Main activities 4　チャンツ作り，色塗りゲーム，外国のカードはどんなだろうをする。	○ Main activities の活動を知らせ，活動の見通しをもたせる。
≪①チャンツ作り≫ "Let's Try!1" p.26, 27 ・テレビ画面を見て，指さされた単語を入れてチャンツをする。 ・チャンツを，ペアで尋ねる方と答える方に分けて，２人で絵を指さしながら，いろいろなパターンで練習する。	≪①チャンツ作り≫ ○映像をテレビに映す。 基本のチャンツのリズムで他の単語を入れてさせる。 ○何人かにオリジナルチャンツを発表させる。
≪②色塗りゲーム≫ "Let's Try!1" ワークシート Unit7-1 ・ワークシートの半分に自分の好きな色を塗る。 ・ペアやグループでチャンツの言葉を使い，相手が言ったとおり色を塗る。 A：What do you want? B：A red hearts, please, A：O.K.（色を塗る）Here you are.（渡す真似） B：Thank you.	≪②色塗りゲーム≫ ○ワークシートの半分に自分の好きな色を塗らせる。 ○ペアやグループで問題を出し合い，確かめながら色を塗らせる。 ○会話をしてから色を塗ったり，渡す振りをしたりするように，事前に見本を示す。 ※欲しい色や形について，相手にわかるように伝えている。 ＜行動観察，"Let's Try!1" の点検＞
≪③外国のカードはどんなだろう≫ "Let's Try!1" p.28 ・映像の前回の続きを見る。 ・映像を見て，自分たちと同じところや違うところ，はじめて見たことなどを話し合う。 ・話し合ったことを発表する。 ・担任が作ったカードを見て，自分たちが次の時間にすることのイメージをもつ。	≪③外国のカードはどんなだろう≫ Let's Watch and Think ○映像の前回の続きを見せる。 映像を見せて，自分たちと同じところや違うところ，はじめて見たことなどを話し合わせる。 ○話し合ったことを発表させる。 ○担任が作ったカードを見せ，次の時間にすることのイメージをもたせる。
Looking back 5　本時の学習を振り返る。 ○振り返りカードに，会話の楽しさや新しい気づき，友だちのよいところ等を書き，発表する。 6　終わりの挨拶をする。 Thank you very much. Goodbye, Mr. (Ms.)～.　See you.	○会話の楽しさや新しい気づき，友だちや自分のがんばり等を発表させ，称賛し合わせる。 ○終わりの挨拶をする。 That's all for today.　You did a great job! Goodbye, everyone.　See you next time.

This is for you.　カードをおくろう

Unit7　第4時　学習指導案　24

1 単　元　This is for you.（５時間）

2 主　題　「欲しい形や数を相手に尋ねたり，答えたりしてカードを作ろう」（4／5）

3 ねらいと評価のポイント

○欲しいものを尋ねたり，相手に伝えたりする表現を使って，相手とやり取りする。

（思考・判断・表現）

○いろいろな形を集めて，カードを送る。（思考・判断・表現）

4 準　備　電子黒板，色鉛筆，振り返りカード，色のついた形カード多数

5 展　開

子どもの活動	HRTの支援と評価（※）
Warming up 1　はじめの挨拶をする。 Hello, Mr. (Ms.)～. I'm fine, thank you. How are you? 2　チャンツ♪ What do you want? ♪（“Let's Try!1” p.26, 27） 音声を聞きながら，リズムに乗ってする。 3　今日のめあてを確認する。	○笑顔で気楽な雰囲気をつくり，挨拶をする。 Hello, everyone. How are you today? I'm fine, thank you. ○音声を聞きながら，リズムに乗ってチャンツをさせる。 ○めあてを確認させ，活動の見通しをもたせる。
めあて　欲しい形や数を相手に尋ねたり，答えたりしてカードを作ろう。	
Main activities 4　色塗りゲーム，誰の作品かな？，色形カードでカードを作ろう１をする。	○ Main activities の活動を知らせ，活動の見通しをもたせる。
≪①色塗りゲーム≫ “Let's Try!1” ワークシート Unit7-2 ・ペアやグループでチャンツの言葉を使い，相手が言ったとおり色を塗る。 A：What do you want? B：A red hearts, please. A：O.K.（色を塗る）Here you are.（渡す真似） B：Thank you.	≪①色塗りゲーム≫ Let's Listen ・ペアやグループで問題を出し合わせ，確かめながら色を塗らせる。 ・会話をしてから色を塗ったり，渡す真似をしたりするように，事前に見本を示す。
≪②誰の作品かな？≫ “Let's Try!1” p.29 ・デジタル教材を見て，誰がどの作品を作ったのか聞き取り，テキストに線で結ぶ。 ・１問終わるたびに，再度聞いて答えを確かめる。 ・３問終えたら，ペアにどの絵のことを言っているのか問題を出す。	≪②誰の作品かな？≫ Let's Listen ○デジタル教材を見せて，誰がどの作品を作ったのか聞き取り，テキストに線で結ばせる。 ○１問終わるたびに，再度聞いて答えを確かめる。 ○３問終わったら，ペアで絵の説明を言って問題を出し合わせる。
≪③色形カードでカードを作ろう1≫ “Let's Try!1” p.29 ・p.29の枠内に，誰に，どのようなグリーティングカードを作って，何を伝えたいのかを書き込む。 ・ワークシートに貼るための色形カードを集めに行く。渡す役ともらいに行く役に分かれてやり取りする。	≪③色形カードでカードを作ろう１≫ Activity ○ p.29に，誰に，どのようなグリーティングカードを作って，何を伝えたいのかを書き込ませる。 ○カードとなるワークシートを配る。 ○子どもを２つのグループに分ける。あらかじめ色をつけた色形カードを多めに用意し，お店屋さんの要領で，半分の子どもが形ごとに分かれて渡す役をする。 ○いろいろな形をそろえるように声かけをする。 ※自分の欲しい色や形，ものを伝えようとしている。 〈行動観察〉
Looking back 5　本時の学習を振り返る。 ○振り返りカードに，会話の楽しさや新しい気づき，友だちのよいところ等を書き，発表する。 6　終わりの挨拶をする。 Thank you very much. Goodbye, Mr. (Ms.)～. See you.	○会話の楽しさや新しい気づき，友だちや自分のがんばり等を発表させ，称賛し合わせる。 ○終わりの挨拶をする。 That's all for today. You did a great job! Goodbye, everyone. See you next time.

This is for you.　カードをおくろう

Unit7　第5時　学習指導案　25

1 単　元　This is for you.（5時間）

2 主　題　「自分が作ったグリーティングカードを説明しよう」（5／5）

3 ねらいと評価のポイント

○欲しいものを尋ねたり，伝えたりする表現を使って，相手とやり取りしようとする。（態度）

○自分が作ったカードの説明をする。（思考・判断・表現）

4 準　備　電子黒板，グリーティングカード，書画カメラ，振り返りカード

5 展　開

子どもの活動	ＨＲＴの支援と評価（※）
Warming up	
1　はじめの挨拶をする。 Hello, Mr.（Ms.）～. I'm fine, thank you.　How are you?	○笑顔で気楽な雰囲気をつくり，挨拶をする。 Hello, everyone. How are you today?　I'm fine, thank you.
2　チャンツ♪ What do you want? ♪（“Let's Try!1” p.26, 27） 音声を聞きながら，リズムに乗ってする。	○音声を聞きながら，リズムに乗ってチャンツをさせる。
3　今日のめあてを確認する。	○めあてを確認させ，活動の見通しをもたせる。
めあて　自分が作ったグリーティングカードを説明しよう。	
Main activities	
4　カード作り，作品紹介をしよう，誰の作品かなをする。	○ Main activitiesの活動を知らせ，活動の見通しをもたせる。
≪①カード作り≫ “Let's Try!1”ワークシート Unit7-3～5 ・チャンツの言葉をもとに，やり取りして集めた色形カードを使ってグリーティングカードを作る。足りない時には，前回のようにもらいに行く。 A：What do you want? B：A red hearts, please.（Three squares, please.） A：O.K.　Here you are. B：Thank you.	≪①カード作り≫ Activity ・集めた色形カードを使ってグリーティングカードを作らせる。黙って貼るのではなく，貼る形の名前を言って貼るようにするなど，声かけをする。
≪②作品紹介をしよう≫“Let's Try!1”p.29 ・担任の紹介を見る。 ・作品ができたら，カードの説明をペアの友だちにする。 ・数，色，形の順に言う。 （例）One yellow triangle, 2 red squares, one blue rectangles. It's my house.	≪②作品紹介をしよう≫ Activity ○担任がカードの紹介のモデルをする。 ○数，色，形の順に紹介させる。 ○はじめはペアの友だちに紹介させる。 ○ペアに紹介したら，クラスの他の友だちに積極的に紹介するように声かけをする。次の活動で，わかってもらいやすくなることを伝えておく。 ※自分のカードの紹介を積極的にしようとしている。 ＜行動観察，制作物＞
≪③誰の作品かな≫“Let's Try!1”p.29 ・書画カメラに映された3枚のカードについて数，色，形の説明を聞く。 ・よく聞いてどのカードのことか，また誰のカードなのかを推察する。	≪③誰の作品かな≫ Let's Listen ○書画カメラに3枚のカードを映す。 ○カードの説明をし，子どもにどのカードが誰のカードか当てさせる。 ○カードのよいところを評価してコメントする。
Looking back	
5　本時の学習を振り返る。 ○振り返りカードに，会話の楽しさや新しい気づき，友だちのよいところ等を書き，発表する。	○会話の楽しさや新しい気づき，友だちや自分のがんばり等を発表させ，称賛し合わせる。
6　終わりの挨拶をする。 Thank you very much. Goodbye, Mr.（Ms.）～.　See you.	○終わりの挨拶をする。 That's all for today.　You did a great job! Goodbye, everyone.　See you next time.

Unit8のポイント

1．単元のねらい

ここでは，What's this? の表現を使って，クイズを出し合い，楽しく英語に触れることを目的とします。思考力，判断力，表現力を育てようとすれば，当然，子どもたちが自分で課題を見つけ，解決策を考え，そして行動する必要があります。ここでは，クイズを考え，さまざまな工夫を施し，友だちにクイズを出し，正解までのロードマップを想定するなど，知的に楽しい活動となります。担任は，思考のヒントとなるさまざまなアイデアを出し，積極的に考え合うグループ活動にします。

この単元で出てくる主な語彙

it：それ　hint：ヒント　sea：海　elephant：象　horse：馬　spider：クモ

2．覚えたい英語表現

(1)A：What's this?
B：Hint, please.
A：It's a fruit.
B：It's an orange.
A：No. It's yellow.
B：It's a lemon.
A：That's right.

3．言語活動成功のポイント

第３学年も最終に近づいてきました。ここでは，Unit 1 から Unit 7 までの表現や語彙をふんだんに使用してクイズ大会を行います。テキストにはさまざまなクイズがあり，グループでクイズを考えさせたり，発表させたり，クイズの答えを当てさせたりと活発な活動を組むことができます。この場合，グループになると意見を言わず，ただ参加しているだけの子どもも見受けられますが，そのようなことがないように，役割を分担して，クイズを作らせるようにすることが大切です。

クイズの中でも，思考する場面が多いのはスリーヒントクイズや Who am I? ゲームです。これらは，担任が子どもたちに問題を出すだけではなく，子どもたち自身に作らせて，ペアやグループ，クラス全体でクイズ大会を開きます。例えば，（第１ヒント：正解率20％程度）I am black and white.（第２ヒント：正解率50％程度）I like bamboo leaves.（第３ヒント：正解率80％程度）I'm from China. 答えはパンダですが，第１ヒントで誰でもわかるのでは面白くありません。作り方の極意を伝え，質の高いものを作らせ，子どもたちに考えることの楽しさを体験させたいものです。そのためには，担任が質の高いクイズを考えて，子どもたちに提示することが絶対条件になります。

What’s this?　これなあに？

Unit8　第1時　学習指導案　26

1 単　元　What’s this?（５時間）

2 主　題「クイズのやり方を知ろう」（１／５）

3 ねらいと評価のポイント

○クイズの出し方を知り，英語の音声やリズムに慣れ親しむ。（知識・技能）

○さまざまなものの言い方を知る。（知識・技能）

4 準　備　電子黒板，いろいろなものの絵カード（教師用と児童用），振り返りカード

5 展　開

子どもの活動	ＨＲＴの支援と評価（※）
Warming up	
１　はじめの挨拶をする。 Hello, Mr. (Ms.)～. I’m fine, thank you. How are you? ２　デモンストレーションを見る。 ３　今日のめあてを確認する。	○笑顔で気楽な雰囲気をつくり，挨拶をする。 Hello, everyone. How are you today? I’m fine, thank you. ○虫眼鏡クイズをし，クイズのやり方を示す。 ○めあてを確認させ，クイズのやり方を知ろうとする意欲を高めさせる。
めあて　クイズのやり方を知ろう。	
Main activities	
４　ポインティング・ゲーム，チャンツ，漢字クイズをする。	○ Main activities の活動を知らせ，活動の見通しをもたせる。
≪①ポインティング・ゲーム：いろいろなものの言い方≫“Let’s Try!1”p.32, 33	≪①ポインティング・ゲーム≫
・ペアを組み，２人の間にテキストを置き，p.32, 33を開く。 ・担任が言ったものを指さす。 ・ペアでポインティング・ゲームをする。	○ペアをつくらせ，２人の間にテキストを置き，p.32, 33を開けさせる。 ○担任が言ったものの名前を指すように指示する。 ○指せるようになってきたら，ペアで早く指せた方が１ポイントもらえる競争にする。
≪②チャンツ♪ What’s This? ♪≫“Let’s Try!1”p.30, 31	≪②チャンツ≫ Let’s Chant
・出題者と回答者に分かれて続ける。	○クイズに答えるような気持ちで言わせる。 ○リズムに合わせて言わせる。 ○ペアで出題者と回答者の役割を決めて言わせる。 ※さまざまなものの言い方がわかる。　<行動観察>
≪③漢字クイズ≫“Let’s Try!1”p.33	≪③漢字クイズ≫ Activity2
・「海星」「海月」「海馬」の意味するものを答える。 ・日本語で答えてもよい。 ・慣れてきたら代表の子どもがクイズを出してもよい。	○海に関する漢字クイズを出す。漢字から想像させてもよい。 ○日本語で答えてもよいが，英語での言い方についても知らせる。 ○この他にも「海豚」「海狸」などがある。
Looking back	
５　本時の学習を振り返る。 ○振り返りカードに，会話の楽しさや新しい気づき，友だちのよいところ等を書き，発表する。	○自分や友だちのがんばりを発表させ，称賛し合わせる。
６　終わりの挨拶をする。 Thank you very much. Goodbye, Mr. (Ms.)～. See you.	○終わりの挨拶をする。 That’s all for today. You did a great job! Goodbye, everyone. See you next time.

Unit8　第2時　学習指導案

1 単　元　What's this?（５時間）

2 主　題　「クイズで尋ねたり答えたりしよう」（２／５）

3 ねらいと評価のポイント

〇いろいろなものの名前の言い方や尋ね方，答え方を知る。（知識・技能）

〇進んでものの言い方を尋ねたり答えたりする。（態度）

4 準　備　電子黒板，いろいろなものの絵カード，振り返りカード

5 展　開

子どもの活動	HRTの支援と評価（※）
Warming up 1　はじめの挨拶をする。 Hello, Mr. (Ms.)～. I'm fine, thank you. How are you? 2　チャンツ♪ What's This？♪をする。 3　今日のめあてを確認する。	〇笑顔で気楽な雰囲気をつくり，挨拶をする。 Hello, everyone. How are you today? I'm fine, thank you. 〇慣れてきたら答えをいろいろ変えてみる。 〇めあてを確認させ，クイズで尋ねたり答えたりしようとする意欲を高めさせる。
めあて　クイズで尋ねたり答えたりしよう。	
Main activities 4　キーワードゲーム，ドンじゃんけん，足あとクイズ，「これ何」ゲームをする。	〇 Main activities の活動を知らせ，活動の見通しをもたせる。
≪①キーワードゲーム：いろいろなものの言い方≫ ・ペアになって２人の間に消しゴムを置く。 ・キーワードを確認する。 ・担任が単語を言った後，発音して２回手をたたく。 ・キーワードを言われたら，繰り返さずに消しゴムを取る。 ・ゲームを繰り返す。	**≪①キーワードゲーム≫** 〇キーワードを選び，その絵カードを黒板に貼る。 〇例えば「pen（担任）pen（子ども）手拍子２回」としていく。
≪②ドンじゃんけん≫ ・２人組に分かれ，絵カードを１列に並べる。 ・１枚ずつカードを押さえながら発音し，出会ったところでじゃんけんをする。 ・じゃんけんに勝ったら次のカードへ進むが，負けたチームは次の人がはじめのカードから言って進んでいく。 ・じゃんけんで勝ち続けて，最後までカードを押さえたら勝ち。 ・慣れてきたら，早く言って進んでいく。	**≪②ドンじゃんけん≫** 〇グループを２つに分けてカードを１列に並べさせる（人数が多ければ，列の数を増やす）。 〇デモンストレーションをして，ルールを確認する。 〇制限時間を設け，繰り返しさせる。
≪③足あとクイズ≫ "Let's Try!1" p.33 ・動物の足あとの写真を見て，何の動物の足あとか答える。 ・日本語で答えてもよい。	**≪③足あとクイズ≫ Activity3** 〇テキストの写真を見せて，答えさせる。 〇日本語で答えてもよいが，英語での言い方についても知らせる。
≪④「これ何」ゲーム≫ ・２人でペアをつくり，回答者と出題者に分かれる。 ・自分の身の回りにあるものについてクイズを出し合う。 ・慣れてきたら代表の子どもが全員に出題してもよい。 "What's this?" "It's～." "That's right!"	**≪④「これ何」ゲーム≫** 〇クラスを２人ペアに分ける。 〇ペアを出題者と回答者に分け，自分の身の回りのものについて，簡単なやり取りをさせる。 ※進んで尋ねたり答えたりしようとしている。　<行動観察>
Looking back 5　本時の学習を振り返る。 〇振り返りカードに，会話の楽しさや新しい気づき，友だちのよいところ等を書き，発表する。 6　終わりの挨拶をする。 Thank you very much. Goodbye, Mr. (Ms.)～. See you.	〇自分や友だちのがんばりを発表させ，称賛し合わせる。 〇終わりの挨拶をする。 That's all for today. You did a great job! Goodbye, everyone. See you next time.

What’s this?　これなあに？

Unit8　第3時　学習指導案　28

1 単　元　What’s this?（５時間）

2 主　題　「クイズゲームをしよう」（３／５）

3 ねらいと評価のポイント

○クイズでの尋ね方や答え方の表現を理解する。（知識・技能）

○進んでクイズに答えようとする。（態度）

4 準　備　電子黒板，いろいろなものの絵カード，振り返りカード

5 展　開

子どもの活動	ＨＲＴの支援と評価（※）
Warming up	
1　はじめの挨拶をする。 Hello, Mr. (Ms.)～. I’m fine, thank you. How are you? 2　チャンツ♪ What’s This ?♪をする。 3　今日のめあてを確認する。	○笑顔で気楽な雰囲気をつくり，挨拶をする。 Hello, everyone. How are you today? I’m fine, thank you. ○慣れてきたら答えをいろいろ変えてみる。 ○めあてを確認させ，クイズゲームをしようとする意欲を高めさせる。
めあて　クイズゲームをしよう。	
Main activities	
4　ミッシングゲーム，ドンじゃんけん，シルエットクイズ，スリーヒントクイズをする。	○ Main activities の活動を知らせ，活動の見通しをもたせる。
≪①ミッシングゲーム：いろいろなものの言い方≫	≪①ミッシングゲーム≫
・黒板に貼られた，文房具などの学校で使うものの絵カードを記憶する。 ・目を閉じ，絵カードが隠されるのを待つ。 ・担任の合図で目を開け，消えた絵カードを当てる。	○絵カードを黒板に貼り，記憶させる。 ○目をつぶらせ，絵カードを数枚隠す。 ○隠した（黒板からなくなった）絵カードを当てさせる。
≪②ドンじゃんけん≫	≪②ドンじゃんけん≫
・２人組に分かれ，絵カードを１列に並べる。 ・１枚ずつカードを押さえながら発音し，出会ったところでじゃんけんをする。 ・じゃんけんに勝ったら次のカードへ進むが，負けたチームは次の人がはじめのカードから言って進んでいく。 ・じゃんけんで勝ち続けて，最後まで押さえたら勝ち。 ・慣れてきたら，早く言って進んでいく。	○グループを２つに分けてカードを１列に並べさせる（人数が多ければ，列の数を増やす）。 ○デモンストレーションをして，ルールを確認する。 ○制限時間を設け，繰り返しさせる。
≪③シルエットクイズ≫“Let’s Try!1”p.32	≪③シルエットクイズ≫ Let’s Play2!
・映像を見て，それが何であるかを答える。 ・日本語で答えてもよい。	○映像を見せて，答えさせる。 ○日本語で答えてもよいが，英語での言い方についても知らせる。
≪④スリーヒントクイズ≫“Let’s Try!1”p.32, 33	≪④スリーヒントクイズ≫ Activity1
・担任がヒントを３つ出して，それに答える。 ・慣れてきたら，自分たちでヒントを作ってクイズを出す。	○ p32，33の絵の中からヒントを出して，答えさせる。 ○慣れてきたら児童にヒントを作らせる。その際に一人では難しいので，ペアやグループで考えさせる。 ※進んでクイズに答えようとしている。＜行動観察＞
Looking back	
5　本時の学習を振り返る。 ○振り返りカードに，会話の楽しさや新しい気づき，友だちのよいところ等を書き，発表する。 6　終わりの挨拶をする。 Thank you very much. Goodbye, Mr. (Ms.)～. See you.	○自分や友だちのがんばりを発表させ，称賛し合わせる。 ○終わりの挨拶をする。 That’s all for today. You did a great job! Goodbye, everyone. See you next time.

What's this?　これなあに？

Unit8　第4時　学習指導案 29

1 単　元　What's this?（５時間）

2 主　題　「クイズを作ろう」（４／５）

3 ねらいと評価のポイント

○出題するものの特徴をとらえ，ヒントを作る。（思考・判断・表現）

○進んでクイズを作ろうとする。（態度）

4 準　備　電子黒板，いろいろなものの絵カード，ワークシート，振り返りカード

5 展　開

子どもの活動	ＨＲＴの支援と評価（※）
Warming up 1　はじめの挨拶をする。 Hello, Mr. (Ms.)～. I'm fine, thank you. How are you? 2　チャンツ♪ What's This ?♪をする。 3　今日のめあてを確認する。	○笑顔で気楽な雰囲気をつくり，挨拶をする。 Hello, everyone. How are you today? I'm fine, thank you. ○慣れてきたら答えをいろいろ変えてみる。 ○めあてを確認させ，クイズを作ろうとする意欲を高めさせる。
めあて　クイズを作ろう。	
Main activities 4　スリーヒントクイズ，背中の絵は何，クイズ作りをする。	○ Main activitiesの活動を知らせ，活動の見通しをもたせる。
≪①スリーヒントクイズ≫“Let's Try!1”p.32，33 ・担任がヒントを３つ出して，それに答える。 ・自分たちでヒントを作ってクイズを出す。	≪①スリーヒントクイズ≫ Activity1 ○ p32，33の絵の中からヒントを３つ出して，答えさせる。 ○子どもにもヒントを作らせ，お互いに出題し合わせる。
≪②背中の絵は何≫ ・絵カードを用意し，ペアになる。 ・１つ選んで，それを相手の背中にテープで留める。 ・教室を自由に移動し，ヒントを手がかかりに自分の背中のカードの絵が何かを当てる。答えがわかったら，I know. It's～. と答えを言う。当たったら担任に報告してあがり。不正解の時は，Thank you. と挨拶をして，他の子どもにヒントを求める。 ・教える子どもは，ヒントを言って，What's this? と尋ねる。 ・これを繰り返す。	≪②背中の絵は何≫ ○絵カードを用意し，ペアにさせる。 ○相手にわからないよう１つ選ばせ，それを相手の背中にテープで留めさせる。 ○出会った友だちに，Hint, please. と言って，ヒントを手がかかりに自分の背中のカードの絵が何かを当てさせる。早く終わった子どもには，他のカードを与えてクイズを続けさせる。
≪③クイズ作り≫ ・これまでの活動をもとに，出題する「もの」と，出題形式を（３ヒントクイズやシルエットクイズなどの中から１つ）選び，自分でクイズを作る。	≪③クイズ作り≫ ○ワークシートを配布する。ワークシートは子どもの実態やクイズ形式に合わせて，複数用意しておくことが望ましい。 ○ヒントの出し方などについて説明し，クイズを作らせる。 ○クイズ作りに困っている子どもの支援する。 ※出題するものの特徴を考えてヒントを作っている。 <行動観察，ワークシート>
Looking back 5　本時の学習を振り返る。 ○振り返りカードに，会話の楽しさや新しい気づき，友だちのよいところ等を書き，発表する。 6　終わりの挨拶をする。 Thank you very much. Goodbye, Mr. (Ms.)～. See you.	○自分や友だちのがんばりを発表させ，称賛し合わせる。 ○終わりの挨拶をする。 That's all for today. You did a great job! Goodbye, everyone. See you next time.

What's this?　これなあに？

Unit8　第5時　学習指導案　30

1 単　元　What's this?（５時間）

2 主　題　「クイズ大会をしよう」（５／５）

3 ねらいと評価のポイント

○アイコンタクトなどを意識してクイズを出したり答えたりする。　（思考・判断・表現）

○積極的にコミュニケーションを図ろうとする。　（態度）

4 準　備　電子黒板，前時で作ったワークシート，振り返りカード

5 展　開

子どもの活動	ＨＲＴの支援と評価（※）
Warming up	
1　はじめの挨拶をする。 Hello, Mr. (Ms.) ～. I'm fine, thank you. How are you?	○笑顔で気楽な雰囲気をつくり，挨拶をする。 Hello, everyone. How are you today? I'm fine, thank you.
2　チャンツ♪ What's This ? をする。	○慣れてきたら答えをいろいろ変えてみる。
3　今日のめあてを確認する。	○めあてを確認させ，クイズ大会をしようとする意欲を高めさせる。
めあて　クイズ大会をしよう。	
Main activities	
4　クイズ大会をする。	○ Main activities の活動を知らせ，活動の見通しをもたせる。
≪クイズ大会をする≫	≪クイズ大会をする≫
・前時で作ったワークシートを用意する。 ・クラスを２つに分け，出題側と回答側にチーム分けする。 ・出題側は，来た子どもに自分の作ったクイズを出題する。 ・回答側は，出題されたクイズに答える。 ・"That's right!" "Thank you." などの相づちや挨拶をして分かれ，また違う友だちとクイズを出し合う。 ・代表の子どもは全員にクイズを出題する。 ・特に面白かったり，アイデアに富んでいたクイズを選ぶ。	○前時で作ったワークシートを用意させる。 ○クラスを２つに分け，ルール説明をする。 ○時間を区切って，出題側と回答側に分けて行わせる。 ○代表の子どもには全員に出題させる。 ※クイズを出したり答えたりしながら，積極的にコミュニケーションをとっている。　＜行動観察＞ ○特に面白かったり，アイデアに富むクイズを発表させる。
Looking back	
5　本時の学習を振り返る。 ○振り返りカードに，会話の楽しさや新しい気づき，友だちのよいところ等を書き，発表する。	○自分や友だちのがんばりを発表させ，称賛し合わせる。
6　終わりの挨拶をする。 Thank you very much. Goodbye, Mr. (Ms.) ～. See you.	○終わりの挨拶をする。 That's all for today. You did a great job! Goodbye, everyone. See you next time.

Unit9のポイント

1．単元のねらい

ここでは，絵本などの短い話を聞いて理解させたり，英語の音の特徴に気づかせたりして，自らも読んでみたいと思わせるところがポイントです。文字から単語へ，単語から文へと英語が難しくなりますが，それを乗り越えさせるためには，どうしても子どもたちに関心意欲をもたせることが一番大切な部分です。かっこよく読んでみたい，スラスラと読んでみたいといかに思わせるか。そのために，子どもたちの心を揺さぶるような読み方に出会わせることです。つまり，担任やALTが感動させる読み方ができるかどうかです。CDや電子黒板を使わず，担任自身がしっかりと練習して，読み聞かせを行い，感動させることです。

この単元で出てくる主な語彙

who：誰　cow：牛　dragon：竜　snake：ヘビ　tiger：トラ　sheep：羊
chicken：ニワトリ　wild boar：イノシシ　long：長い　shiny：輝く　scary：恐ろしい
round：丸い　furry：毛でおおわれた　head：頭　eyes：目　ears：耳　nose：鼻
mouth：口　shoulders：肩　knees：膝　toes：つま先

2．覚えたい英語表現

(1)A：Are you a dog?
　B：Yes, I am. / No, I'm not.
(2)A：Who are you?
　B：I am a dog.

3．言語活動成功のポイント

Are you～? は，会話でよく使いますが，Who are you? は，見知らぬ人に対してもあまり使いません。語調を強めると，相手を愚弄した感じがして，けんかになることでしょう。ここは絵本の世界だということを理解させたいものです。Who am I? は，「私は誰でしょう」の意味となり，クイズのタイトル以外，あまり一般的に使う場面はありません。

絵本を取り扱う場合，担任が読み聞かせをするのが一般的ですが，その場合，子どもたちの興味関心を引くものにする必要があります。ここで取り扱う Who am I? は表現が中心になっており，それほど子どもの心を揺さぶるような知的に楽しいものにはなっていません。そこで，以下のエリック・カール（Eric Carle）の絵本を活用することで，興味関心を引き，何度も読んでほしいと子どもたちにせがまれることでしょう。この場合，まだ習っていない語彙や表現を気にせず，気持ちを込めて読むことで，子どもたちも絵や状況から内容を理解していくでしょう。

・THE VERY HUNGRY CATERPILLAR（はらぺこあおむし）
・Brown Bear, Brown Bear, What Do You See?
・From Head to Toe

Who are you?　きみはだれ？

Unit9　第1時　学習指導案　31

1 単　元　Who are you?（５時間）

2 主　題　「森に隠れている動物を探そう」①（１／５）

3 ねらいと評価のポイント

○積極的に聞き取れた単語や隠れている動物を発表する。　（態度）

○動物名の単語を聞き取る。　（思考・判断・表現）

4 準　備　黒板に掲示する動物の絵カード，電子黒板，振り返りシート，振り返りカード

5 展　開

子どもの活動	ＨＲＴの支援と評価（※）
Warming up	
1　はじめの挨拶をする。 Hello, Mr. (Ms.)～. I'm fine, thank you. How are you?	○笑顔で気楽な雰囲気をつくり，挨拶をする。 Hello, everyone. How are you today? I'm fine, thank you.
2　単語練習 動物の単語練習をする。	○黒板に動物や色の絵カードを貼り，子どもと一緒に単語練習をする。
3　今日のめあてを確認する。	○めあてを確認させ，森に隠れた動物を探そうとする意欲を高めさせる。
めあて　森に隠れている動物を探そう。①	
Main activities	
4　絵本の読み聞かせ，タッチゲームをする。	○ Main activities の活動を知らせ，活動の見通しをもたせる。
≪①絵本の読み聞かせ≫ "Let's try!1" p.34～36	≪①絵本の読み聞かせ≫
・電子黒板の動画を見て，音声を聞く。 ・電子黒板を見て，聞き取れた単語がどこに隠れているのかを探す。 ・森の中に隠れている動物を答える。 "Are you a～?"	○電子黒板に写した動画をアンダーラインつきで見せる。 ○音声に出てくる，white，black，long などの意味を確認する。 ○聞き取れた単語がどこに隠れているか探させる。 ○森の中に隠れている動物を答えさせる。 ○何の動物かを答えさせる。
≪②タッチゲーム≫	≪②タッチゲーム≫
・２チームに分かれ，２列に並ぶ。先頭の子どもは指さし棒を持つ。 ・担任が発した動物を聞き取り，絵カードをタッチしに行く。 ・指さし棒を次の子どもに渡し，それぞれの列の一番後ろに回る。 ・タッチが終わった友だちには "Good try." などの称賛の言葉をかける。	○クラスを２チームに分け，２列に並ばせる。先頭の子どもには指さし棒を渡す。チーム数やゲームの方法は，クラスの実態に合わせて変更する。 ○黒板に動物の絵カードを貼る。 ○ルールを説明する。 ○担任が発音する動物をタッチさせる。 ○タッチし終わった子どもには "Good try." などの称賛の言葉をかけるよう伝える。 ※単語を聞き取れている。　<行動観察>
Looking back	
5　本時の学習を振り返る。 ○振り返りカードに，会話の楽しさや新しい気づき，友だちのよいところ等を書き，発表する。	○会話の楽しさや新しい気づき等を発表させ，称賛し合わせる。
6　終わりの挨拶をする。 Thank you very much. Goodbye, Mr. (Ms.)～. See you.	○終わりの挨拶をする。 That's all for today. You did a great job! Goodbye, everyone. See you next time.

Who are you?　きみはだれ？

Unit9　第2時　学習指導案　32

1 単　元　Who are you?（５時間）

2 主　題　「森に隠れている動物を探そう」②（２／５）

3 ねらいと評価のポイント

〇聞き取れた単語や隠れている動物を伝え合おうとする。（態度）

〇特徴を聞き，何の動物かを推測して答える。（思考・判断・表現）

4 準　備　黒板に掲示する動物の絵カード（黒板掲示用，子ども用），電子黒板，振り返りシート

5 展　開

子どもの活動	ＨＲＴの支援と評価（※）
Warming up 1　はじめの挨拶をする。 Hello, Mr. (Ms.)～. I'm fine, thank you. How are you? 2　単語練習 動物，体の部位，色などの特徴を表す単語の練習をする。 3　今日のめあてを確認する。	〇笑顔で気楽な雰囲気をつくり，挨拶をする。 Hello, everyone. How are you today? I'm fine, thank you. 〇黒板に動物や色の絵カードを貼り，子どもと一緒に単語練習をする。 〇めあてを確認させ，森に隠れた動物を探そうとする意欲を高めさせる。
めあて　森に隠れている動物を探そう。②	
Main activities 4　キャッチゲーム，絵本の読み聞かせ，ヒントクイズをする。	〇 Main activities の活動を知らせ，活動の見通しをもたせる。
≪①キャッチゲーム≫	≪①キャッチゲーム≫
・２人組になり，一方が指で輪を作り，もう一方がその輪に人指し指を入れる。 ・担任の発する単語をリピートする。 ・前もって指定したキーワードとなる単語が出たら，輪を作った子どもはもう一方の子どもの指を掴めば勝ち。もう一方はそこから指を出して逃げれば勝ちになる。 ・ゲームを繰り返す。	〇子ども同士でペアをつくらせる。 〇動物の絵カードを机の上に１列に並べさせる。 〇ルールを説明する。 〇ゲームをさせる。
≪②絵本の読み聞かせ≫“Let's try!1”p.37, 38	≪②絵本の読み聞かせ≫
・電子黒板の動画を見て，音声を聞く。 ・電子黒板を見て，聞き取れた単語や，動物が隠れている場所や，見えている部位，その特徴などを答える。 ・電子黒板を見ながら話を聞く。 ・森の中に隠れた動物を答える。 “Are you a～?”	〇電子黒板に写した動画をアンダーラインつきで見せる。 〇音声を聞き，聞き取れた単語がどこに隠れているか探させる。 〇どこにどのような動物が隠れているか，見えている部位，その特徴を答えさせる。 〇何の動物かを答えさせる。 ※聞き取れた単語や隠れている動物が何なのかを伝え合っている。＜行動観察＞
≪③ヒントクイズ≫	≪③ヒントクイズ≫
・“Who are you?” と担任に尋ねる。 ・担任のヒントを聞き，何の動物かを答える。慣れてきたら，子どもが担任役になってヒントを出す。	〇 “Who are you?” と尋ねさせる。 〇黒板に動物の絵カードを貼る。 〇黒板に貼った動物カードの中から１つ選び，色や特徴などのヒントを出す。 〇何の動物か答えさせる。
Looking back 5　本時の学習を振り返る。 〇振り返りカードに，会話の楽しさや新しい気づき，友だちのよいところ等を書き，発表する。 6　終わりの挨拶をする。 Thank you very much. Goodbye, Mr. (Ms.)～. See you.	〇会話の楽しさや新しい気づき等を発表させ，称賛し合わせる。 〇終わりの挨拶をする。 That's all for today. You did a great job! Goodbye, everyone. See you next time.

Who are you?　きみはだれ？

Unit9　第3時　学習指導案　33

1 単　元　Who are you?（５時間）

2 主　題　「何の動物か当てよう」（３／５）

3 ねらいと評価のポイント

○積極的に活動に取り組んでいる。（態度）

○特徴を聞き，何の動物かを推測して答える。（思考・判断・表現）

4 準　備　黒板に掲示する動物や，その特徴の絵カード（黒板掲示用，子ども用），電子黒板，振り返りシート

5 展　開

子どもの活動	ＨＲＴの支援と評価（※）
Warming up 1　はじめの挨拶をする。 Hello, Mr. (Ms.) ～. I'm fine, thank you.　How are you? 2　単語練習 動物，体の部位，色などの特徴を表す単語の練習をする。 3　今日のめあてを確認する。	○笑顔で気楽な雰囲気をつくり，挨拶をする。 Hello, everyone. How are you today?　I'm fine, thank you. ○黒板に動物や色の絵カードを貼り，子どもと一緒に単語練習をする。 ○めあてを確認させ，何の動物か当てようとする意欲を高めさせる。
めあて　何の動物か当てよう。	
Main activities 4　ドンじゃんけん，絵本の読み聞かせ，ヒントクイズをする。	○ Main activitiesの活動を知らせ，活動の見通しをもたせる。
≪①ドンじゃんけん≫ ・動物の絵カードを机の上に１列に並べる。 ・並べた絵カードの両端に分かれて，両端のカードから順番に，交互に単語を英語で言っていく。 ・出会ったところでじゃんけんをして，勝った人はその続きから進み，負けた人ははじめのカードに戻る。（複数人ずつでチームを組んだ場合は次の人に代わる。） ・動物の特徴の絵カードに替え，ゲームを繰り返す。	≪①ドンじゃんけん≫ ○子ども同士でペアをつくらせる。 ○動物の絵カードを机の上に１列に並べさせる。 ○ルールを説明する。相手側の端のカードまで言うか，終了時点で相手側に近い方が勝ちとなる。 ○ゲームをさせる。 ○動物の特徴の絵カードに替えてゲームを繰り返させる。 ※動物やその特徴を表す単語を発音している。　＜行動観察＞
≪②絵本の読み聞かせ≫“Let's try!1” p.39, 40 ・電子黒板の動画を見て，音声を聞く。 ・電子黒板を見て，聞き取れた単語や，動物が隠れている場所や，見えている部位，その特徴などを答える。 ・電子黒板を見ながら話を聞く。 ・森の中に隠れた動物を答える。 “Are you a～?”	≪②絵本の読み聞かせ≫ ○電子黒板に写した動画をアンダーラインつきで見せる。 ○音声を聞き，聞き取れた単語がどこに隠れているか探させる。 ○どこにどのような動物が隠れているか，見えている部位，その特徴を答えさせる。 ○何の動物かを答えさせる。
≪③ヒントクイズ≫ ・“Who are you?” と担任に尋ねる。 ・担任のヒントを聞き，何の動物かを答える。慣れてきたら，子どもが担任役になってヒントを出す。	≪③ヒントクイズ≫ ○ “Who are you?” と尋ねさせる。 ○黒板に貼った動物カードの中から１つ選び，色や特徴などのヒントを出す。
Looking back 5　本時の学習を振り返る。 ○振り返りカードに，会話の楽しさや新しい気づき，友だちのよいところ等を書き，発表する。 6　終わりの挨拶をする。 Thank you very much. Goodbye, Mr. (Ms.) ～.　See you.	○会話の楽しさや新しい気づき等を発表させ，称賛し合わせる。 ○終わりの挨拶をする。 That's all for today.　You did a great job! Goodbye, everyone.　See you next time.

Unit9　第4時　学習指導案　34

1 単　元　Who are you?（5時間）

2 主　題　「動物のヒントを考えよう」（4／5）

3 ねらいと評価のポイント

○動物の特徴をとらえたヒントを考えて出している。（思考・判断・表現）

○特徴を聞き，何の動物かを推測する。（思考・判断・表現）

4 準　備　黒板に掲示する動物や，その特徴の絵カード（黒板掲示用，子ども用），電子黒板，振り返りシート

5 展　開

子どもの活動	HRTの支援と評価（※）
Warming up 1　はじめの挨拶をする。 Hello, Mr. (Ms.)～. I'm fine, thank you. How are you?	○笑顔で気楽な雰囲気をつくり，挨拶をする。 Hello, everyone. How are you today? I'm fine, thank you.
2　単語練習 動物，体の部位，色などの特徴を表す単語の練習をする。	○黒板に動物や色の絵カードを貼り，子どもと一緒に単語練習をする。
3　今日のめあてを確認する。	○めあてを確認させ，動物のヒントを考えようとする意欲を高めさせる。
めあて　動物のヒントを考えよう。	
Main activities 4　ドンじゃんけん，ヒントクイズ，動物当てゲームをする。	○ Main activities の活動を知らせ，活動の見通しをもたせる。
≪①ドンじゃんけん≫	≪①ドンじゃんけん≫
・動物の絵カードを机の上に1列に並べる。 ・並べた絵カードの両端に分かれて，両端のカードから順番に，交互に単語を英語で言っていく。 ・出会ったところでじゃんけんをして，勝った人はその続きから進み，負けた人ははじめのカードに戻る。(複数人ずつでチームを組んだ場合は次の人に代わる。) ・相手側の端のカードまで言うか，終了時点で相手側に近い方が勝ちとなる。 ・動物の特徴の絵カードに替え，ゲームを繰り返す。	○子ども同士でペアをつくらせる。 ○動物の絵カードを机の上に1列に並べさせる。 ○ルールを説明する。 ○ゲームをさせる。 ○動物の特徴の絵カードに替えてゲームを繰り返させる。
≪②ヒントクイズ≫	≪②ヒントクイズ≫
・"Who are you?" と担任に尋ねる。 ・担任のヒントを聞き，何の動物かを答える。慣れてきたら，子どもが担任役になってヒントを出す。	○ "Who are you?" と尋ねさせる。 ○黒板に貼った動物カードの中から1つ選び，色や特徴などのヒントを出す。
≪③動物当てゲーム≫	≪③動物当てゲーム≫
・ペアになり，真ん中に動物の絵カードを裏返しに重ねて置く。 ・一方が，カードの絵を相手だけに見せるように額の前に掲げ，"Who am I?" と尋ねる。 ・相手はそのカードに描かれた動物を見て，ヒントを出す。 ・何の動物か答えられたら役割を交代してゲームを続ける。 "Who am I?" "You are～." "Am I～?" "Yes."	○子ども同士でペアを組ませ，カードを裏返しに重ねて置かせる。 ○ルールを説明する。 ○どのようなヒントを出すことができたか尋ねる。 ※動物の特徴をとらえたヒントを考え，伝えている。 ＜行動観察＞
Looking back 5　本時の学習を振り返る。 ○振り返りカードに，会話の楽しさや新しい気づき，友だちのよいところ等を書き，発表する。	○会話の楽しさや新しい気づき等を発表させ，称賛し合わせる。
6　終わりの挨拶をする。 Thank you very much. Goodbye, Mr. (Ms.)～. See you.	○終わりの挨拶をする。 That's all for today. You did a great job! Goodbye, everyone. See you next time.

Who are you?　きみはだれ？

Unit9　第5時　学習指導案　35

1 単　元　Who are you?　（５時間）

2 主　題　「動物クイズをしよう」（５／５）

3 ねらいと評価のポイント

○動物の特徴をとらえたヒントを考える。　（思考・判断・表現）

○特徴を聞き，何の動物かを推測して答える。　（思考・判断・表現）

4 準　備　黒板に掲示する動物や，その特徴の絵カード（黒板掲示用，子ども用），電子黒板，ワークシート，振り返りシート

5 展　開

子どもの活動	ＨＲＴの支援と評価（※）
Warming up 1　はじめの挨拶をする。 Hello, Mr. (Ms.)～. I'm fine, thank you. How are you? 2　単語練習 動物，体の部位，色などの特徴を表す単語の練習をする。 3　今日のめあてを確認する。	○笑顔で気楽な雰囲気をつくり，挨拶をする。 Hello, everyone. How are you today? I'm fine, thank you. ○黒板に動物や色の絵カードを貼り，子どもと一緒に単語練習をする。 ○めあてを確認させ，動物クイズをしようとする意欲を高めさせる。
めあて　動物クイズをしよう。	
Main activities 4　ドンじゃんけん，動物当てゲームをする。	○ Main activities の活動を知らせ，活動の見通しをもたせる。
≪①ドンじゃんけん≫ ・動物の絵カードを机の上に１列に並べる。 ・並べた絵カードの両端に分かれて，両端のカードから順番に、交互に単語を英語で言っていく。 ・出会ったところでじゃんけんをして，勝った人はその続きから進み，負けた人ははじめのカードに戻る。（複数人ずつでチームを組んだ場合は次の人に代わる。） ・相手側の端のカードまで言うか，終了時点で相手側に近い方が勝ちとなる。 ・動物の特徴の絵カードに替え，ゲームを繰り返す。	≪①ドンじゃんけん≫ ○子ども同士でペアをつくらせる。 ○動物の絵カードを机の上に１列に並べさせる。 ○ルールを説明する。 ○ゲームをさせる。 ○動物の特徴の絵カードに替えてゲームを繰り返させる。
≪②動物当てゲーム≫ ・動物を１つ選び，それについてヒントを考える。 ・考えたヒントをワークシートに書き込む。 ・インタビュー形式で，お互いにヒントを言い合い，何の動物かを当ててもらう。 ・代表の子どもは前で発表する。	≪②動物当てゲーム≫ ○ワークシートを配る。 ○動物を１つ選び，考えたヒントをワークシートに書き込む。クラスの実態に合わせてワークシートの形式を考える（動物の特徴はこちらで用意し，子どもは当てはまる答えを○で囲むような形式にするなど）。 ○インタビュー形式で自分の考えた動物のヒントを伝え，相手に当てさせる。 ○代表の子どもに前で発表させる。 ※アイコンタクトを意識して動物の特徴を伝え合っている。 ＜行動観察＞
Looking back 5　本時の学習を振り返る。 ○振り返りカードに，会話の楽しさや新しい気づき，友だちのよいところ等を書き，発表する。 6　終わりの挨拶をする。 Thank you very much. Goodbye, Mr. (Ms.)～. See you.	○会話の楽しさや新しい気づき等を発表させ，称賛し合わせる。 ○終わりの挨拶をする。 That's all for today. You did a great job! Goodbye, everyone. See you next time.

Hello！　あいさつをして友だちになろう

Unit1 指導要録記入例＆通知表文例集

1．指導要録記入例

知識・技能	○世界にはさまざまな言語があることに気づくとともに，いくつか知っている。 ○英語での挨拶や名前の言い方を知り，使い方に慣れ親しんでいる。 ○“Hello（Hi），I'm～.” “Goodbye.” “See you.” の表現を使って，挨拶や自己紹介の仕方を知っている。
思考・判断・表現	○クラスの友だちと自分の名前を言い合ったり挨拶し合ったりしている。 ○みんなの前で名前を言って自己紹介する。 ○相手の話を聞いている。
態度	○聞き手に配慮しながら，積極的に簡単な自己紹介をしようとしている。 ○相手に伝わるように工夫しようとしている。 ○名前を言って挨拶しようとしている。

2．通知表文例集

知識・技能	○“Hello（Hi），I'm～.” “Goodbye.” “See you.” の表現を使って，挨拶や自己紹介の仕方を知りました。 ○世界にはさまざまな言語があることに気づいたり，知ったりしていました。 ○挨拶や名前の言い方に慣れていました。
思考・判断・表現	○友だちと英語で自分の名前を言ったり挨拶をしたりし合っていました。 ○クラスの友だちの前で大きな声を名前を言って自己紹介していました。 ○友だちの挨拶を聞いていました。
態度	○聞き手を意識しながら，簡単な自己紹介をしようとしていました。 ○積極的に友だちと名前を言いながら，元気よく挨拶をしていました。 ○誰とでも元気よく，ジェスチャーを入れながら英語を使って話をしていました。

How are you?　ごきげんいかが？

Unit2 指導要録記入例＆通知表文例集

1. 指導要録記入例

知識・技能	○感情や状態を表す表現やジェスチャーを知り，表現やリズムに慣れ親しんでいる。 ○表情やジェスチャーの大切さを知って，使い方に慣れ親しんでいる。 ○感情や状態を表す表現を知っている。
思考・判断・表現	○表情やジェスチャーを工夫して，相手に尋ねたり，伝えたりする。 ○表情やジェスチャーを工夫して，友だちと挨拶する。 ○感情や状態を尋ねたり答えたりする。
態度	○表情やジェスチャーを工夫しながら，楽しみながら使おうとしている。 ○ジェスチャーをつけながら，気持ちを表す表現を積極的に使おうとしている。 ○世界のさまざまなジェスチャーを知り，使ってみようとしている。

2. 通知表文例集

知識・技能	○感情や状態を表す表現やジェスチャーを知り，表現やリズムに慣れ親しんでいました。 ○感情や状態を表す表現を知りました。 ○表情やジェスチャーの大切さを知っていました。
思考・判断・表現	○表情やジェスチャーを工夫して，相手に尋ねたり，伝えたりしました。 ○相手のことを思いながら，感情や状態を尋ねたり答えたりしていました。 ○表情やジェスチャーをつけて，友だちと工夫しながら挨拶をしていました。
態度	○表情やジェスチャーを工夫していました。 ○ジェスチャーをつけながら，気持ちを表す表現を積極的に使っていました。 ○世界のさまざまなジェスチャーを知り，友だちの前で使っていました。

Unit3 指導要録記入例＆通知表文例集

1. 指導要録記入例

知識・技能	○1～20までの数の言い方を知っている。 ○1～20までの数の言い方や尋ね方を知り，使い方に慣れ親しんでいる。 ○“How many apples?” “I have（two）apples.” の表現を知っている。
思考・判断・表現	○1～20までの数の言い方を知り，使っている。 ○数について，尋ねたり答えたり表現 “How many～?” “I have～.” を使っている。 ○尋ねられた質問に適切に答える。
態度	○日本と外国の数の数え方やじゃんけんの仕方の違い・共通点に興味をもっている。 ○相手に伝わるように，数の言い方を工夫していて，楽しみながら伝えようとしている。 ○積極的に数を尋ねたり答えたりしている。

2. 通知表文例集

知識・技能	○1～20までの数の言い方や発音の仕方，イントネーションについてを知っていました。 ○1～20までの数の言い方や尋ね方の表現に慣れ親しんでいました。 ○“How many apples?” “I have（two）apples.” の表現を使って数を尋ねたり答えたりすることに慣れ親しんでいました。
思考・判断・表現	○1～20までの数の言い方を知り，友だちと伝え合っていました。 ○数を尋ねたり答えたりしていました。 ○数について尋ねられたことに対して，適切に相手に答えていました。
態度	○日本と外国の数の数え方やじゃんけんの仕方の違い・共通点に興味をもちました。 ○相手に伝わるように，工夫していました。 ○積極的に数について尋ねたり答えたりして，友だちと楽しんでいました。

I like blue.　すきなものをつたえよう

Unit4 指導要録記入例＆通知表文例集

1. 指導要録記入例

知識・技能	○自分の好きなものを言ったり，好きかどうか聞いたり言ったりする表現を知っている。 ○日本語と英語との音声の違いに気づく。 ○自己紹介を言ったり，他の人の自己紹介を聞き取ったりすることに慣れ親しんでいる。
思考・判断・表現	○内容を推測しながら自己紹介を聞いたり，好きなものについて伝え合ったりする。 ○自己紹介文を作る活動では，興味をもってもらえるように，紹介内容をよく考えている。 ○好みを表したり，好きかどうか尋ねたり答えたりする。
態度	○聞き手を意識しながら，簡単な自己紹介をしようとする。 ○アイコンタクトや相づちを意識して友だちの発表を一生懸命聞いている。 ○自己紹介についての単語や英語表現に興味をもち，意欲的に自己紹介文作りに取り組もうとしている。

2. 通知表文例集

知識・技能	○自分の好きなものの言い方，好きかどうか尋ねたり答えたりする言い方を知っていました。 ○色の名前を知り，カードを取っていました。 ○学習した表現を使って，みんなの前で自己紹介することに慣れ親しんでいました。
思考・判断・表現	○内容を推測しながら自己紹介を聞いたり，好きなものを伝え合ったりしていました。 ○自己紹介文を作る活動では，興味をもってもらえるように，紹介内容をよく考えていました。 ○自分の好みについて，友だちと伝え合っていました。
態度	○聞き手を意識しながら，簡単な自己紹介をしていました。 ○アイコンタクトや相づちを意識して，友だちの発表を聞こうとしました。 ○自己紹介についての単語や英語表現に興味をもち，意欲的に自己紹介文作りに取り組んでいました。

What do you like?　何がすき？

Unit5 指導要録記入例＆通知表文例集

1．指導要録記入例

知識・技能	○さまざまな身の回りのものについて，日本語と英語の音声の違いや面白さに気づき，発音している。 ○何が好きかを尋ねたり答えたりする表現を知っている。 ○日本語と英語の音声の違いに気づいている。
思考・判断・表現	○推測しながら，何が好きかを聞き取っている。 ○相手に伝わるように工夫しながら，自分は何が好きかを伝えている。 ○何が好きか尋ねたり答えたりして，伝え合う。
態度	○他者に配慮しながら，何が好きかを尋ねたり答えたりして伝えようとしている。 ○積極的に相手に何が好きなのかを尋ねながら，交流を楽しんでいる。 ○相手に自分の考えが伝わるように，表情やジェスチャーを工夫している。

2．通知表文例集

知識・技能	○好きなものを尋ねる言い方を知っていました。 ○さまざまな身の回りのものについて，日本語と英語の音声の違いや面白さに気づき，発音していました。 ○何が好きかを尋ねたり答えたりすることに慣れ親しんでいました。
思考・判断・表現	○推測しながら，何が好きかを聞き取っていました。 ○相手に伝わるように工夫しながら，何が好きかを伝えていました。 ○友だちと何が好きか尋ねたり答えたりして，伝え合っていました。
態度	○他者に配慮しながら，何が好きかを尋ねたり答えたりして伝えようとしていました。 ○積極的に相手に何が好きかを尋ねながら，交流を楽しんでいました。 ○相手に自分の考えが伝わるように，表情やジェスチャーを工夫していました。

ALPHABET　アルファベットとなかよし

Unit6 指導要録記入例＆通知表文例集

1. 指導要録記入例

知識・技能	○アルファベットの大文字の形を知っている。 ○身の回りには活字体の文字で表わされているものがあることに気づいている。 ○アルファベットの大文字の読み方を知っている。
思考・判断・表現	○自分の姓名の頭文字を伝え合う。 ○何の文字の形になるか推測しながら，アルファベットを聞き取っている。 ○アルファベットの大文字の形に着目して，さまざまな特徴ごとに仲間分けをする。
態度	○積極的にアルファベットの文字を読んだり聞いたりして，友だちとの交流を楽しんでいる。 ○積極的にアルファベットを伝え，アルファベットの文字つなぎクイズを出し合っている。 ○相手に伝わるように工夫しながら，名前の頭文字を伝え，カード交換をしようとしている。

2. 通知表文例集

知識・技能	○アルファベットの大文字の形を知っていました。 ○身の回りには活字体の文字で表わされているものがあることに気づいていました。 ○アルファベットの大文字の読み方を知りました。
思考・判断・表現	○何の形になるか推測しながら，アルファベットを聞き取っていました。 ○自分の姓名の頭文字を伝え合っていました。 ○アルファベットの文字の形などに着目して，仲間分けをしていました。
態度	○積極的にアルファベットの文字を読んだり聞いたりし，友だちとの交流を楽しんでいました。 ○積極的にアルファベットを伝え，アルファベットの文字つなぎクイズを出し合っていました。 ○相手に伝わるように工夫しながら，名前の頭文字を伝え，カード交換をしようとしていました。

Unit7 指導要録記入例＆通知表文例集

1. 指導要録記入例

知識・技能	○尋ねる場合や答える場合の日本語と英語の音声の違いに気づいている。 ○いろいろな形やものの名前を理解している。 ○欲しいものの言い方，尋ね方を知っている。
思考・判断・表現	○形やものの言い方がわかり，友だちに配慮しながら尋ね合っている。 ○自分の欲しい色や形について，相手にわかるように具体的に伝えている。 ○欲しいものを尋ねたり答えたりして伝え合う。
態度	○自分の欲しい色や形，ものを伝えようとしている。 ○日本語と英語の違いや似ているところに気づいて，使おうとしている。 ○自分の作品を紹介しようとしている。

2. 通知表文例集

知識・技能	○いろいろな形やものの名前，友だちへの伝え方について理解していました。 ○色や形，身近なものの言い方や欲しいものを伝えたり尋ねたりする表現がわかり，使っていました。 ○欲しいものを尋ねたり答えたりすることに慣れ親しんでいました。
思考・判断・表現	○形やものの言い方がわかり，友だちに配慮しながら尋ね合っていました。 ○欲しい色や形について，相手にわかるように工夫して伝えていました。 ○友だちと欲しいものを尋ねたり答えたりして伝え合っていました。
態度	○自分の欲しい色や形，ものを伝えようとしていました。 ○日本語と英語の違いや似ているところを積極的に探そうとしていました。 ○友だちの前で，自分の作品について積極的に紹介しようとしていました。

Unit8 指導要録記入例＆通知表文例集

1．指導要録記入例

知識・技能	○外来語とそれに由来する英語との違いに気づいている。 ○ポインティングゲームでは，ものの名前を正確に聞き取り，絵を見つける。 ○絵カードを使ったドンじゃんけんでは，ものの名前を正確に言う。
思考・判断・表現	○映像を見て，それが何であるかを推測しながらクイズに答えている。 ○自分でクイズを作る活動では，相手に伝わりやすい内容にしようと工夫している。 ○クイズを出したり答えたりする。
態度	○クイズの出し方や答え方について，自分から進んで発話しようとしている。 ○自分たちが作ったクイズを出したり答えたりして，積極的にコミュニケーションを図ろうとしている。 ○相手を意識しながら，伝わるように工夫しようとしている。

2．通知表文例集

知識・技能	○身の回りのものの言い方を知っていました。 ○ポインティングゲームでは，ものの名前を正確に聞き取り，絵を見つけていました。 ○絵カードを使ったドンじゃんけんでは，ものの名前を正確に言っていました。
思考・判断・表現	○映像を見て，それが何であるかを推測しながらクイズに答えようとしていました。 ○自分でクイズを作る活動では，相手に伝わりやすい内容にしようと工夫していました。 ○クイズを出したり答えたりしていました。
態度	○クイズの出し方や答え方についてよく考え，自分から進んで発話しようとしていました。 ○自分たちが作ったクイズを出したり答えたりして，積極的にコミュニケーションを図ろうとしていました。 ○クイズを楽しんでやっていました。

Who are you?　きみはだれ？

Unit9 指導要録記入例＆通知表文例集

1．指導要録記入例

知識・技能	○絵本の読み聞かせで，日本語と英語の音声とリズムの違いに気づいている。 ○動物やその特徴を表す単語を知っている。 ○誰かと尋ねる表現を知っている。
思考・判断・表現	○何の動物なのか相手が推測しやすいような特徴を考えて，伝え合う。 ○特徴を聞いて，何の動物か推測して答える。 ○絵本の話を聞いて，内容がわかる。
態度	○アイコンタクトを意識して，積極的に動物当てゲームをして楽しんでいる。 ○聞き取りクイズやヒントクイズでわかったことを発表しようとしている。 ○台詞を相手に伝わるように，モデルをまねて相手に言おうとしている。

2．通知表文例集

知識・技能	○動物の名前やその特徴を表す単語や表現について知っていました。 ○動物の特徴を表す単語を理解していました。 ○誰かと尋ねる表現に慣れ親しんでいました。
思考・判断・表現	○何の動物か友だちが答えやすいヒントを考え，伝え合っていました。 ○友だちの出すヒントを聞き取り，何の動物か推測して答えていました。 ○担任の絵本の話を聞いて，登場する動物や内容について理解していました。
態度	○動物当てゲームでは，アイコンタクトを意識して友だちと交流していました。 ○聞き取りクイズやヒントクイズでは，わかったことを積極的に発表していました。 ○台詞を相手に伝わるように，モデルをまねて相手に言おうとしていました。

Unit1 評価補助簿

［評価方法］①行動観察：行 ②発表観察：発 ③ "Let's Try!1"（ワークシート等）：L.T. ④自己評価：自 ⑤相互評価：相 ＊可能なら特徴的なことを簡単に記入する。

評価規準		
	知識・技能	世界にはさまざまな言語があることに気づく。
	思考・判断・表現	挨拶や自己紹介をする。
	態度	"Hello (Hi), I'm ～." "Goodbye." "See you." の表現を使って，挨拶や自己紹介をしようとしている。

各時の評価規準と評価方法		第１時【主に：知識・技能】	第２時【主に：思考・判断・表現】		
		世界にはいろいろな挨拶や文化があることに気づいている。	自己紹介をしたり，友だちの自己紹介を聞いたりする。		
No.	名前	評価方法<②発，④自>	評価方法<①行，④自>		
1					
2					
3					
4					
5					
6					
7					
8					
9					
10					
11					
12					
13					
14					
15					
16					
17					
18					
19					
20					
21					
22					
23					
24					
25					
26					
27					
28					
29					
30					
31					
32					
33					
34					
35					
36					
37					
38					
39					
40					

Unit2　評価補助簿

［評価方法］①行動観察：行　②発表観察：発　③“Let's Try!1”（ワークシート等）：L.T.　④自己評価：自　⑤相互評価：相　＊可能なら特徴的なことを簡単に記入する。

評価規準	知識・技能	感情や状態を表す表現やジェスチャーを知り，表現やリズムに慣れ親しむ。
	思考・判断・表現	
	態度	ジェスチャーや表情をつけて気持ちを尋ねたり答えたりしながら，友だちと積極的に挨拶する。

各時の評価規準と評価方法		第１時【主に：知識・技能】	第２時【主に：態度】		
		ジェスチャーをつけながら，気持ちを表す表現に親しんでいる。	表情やジェスチャーを工夫して，相手に伝えようとしている。		
No.	名前	評価方法＜①行，②発，③L.T. (p.8)，④自＞	評価方法＜①行，③L.T. (p.9)，④自，⑤相＞		
1					
2					
3					
4					
5					
6					
7					
8					
9					
10					
11					
12					
13					
14					
15					
16					
17					
18					
19					
20					
21					
22					
23					
24					
25					
26					
27					
28					
29					
30					
31					
32					
33					
34					
35					
36					
37					
38					
39					
40					

Unit3　評価補助簿

[評価方法] ①行動観察：行　②発表観察：発　③ "Let's Try!1"（ワークシート等）：L.T.　④自己評価：自　⑤相互評価：相　＊可能なら特徴的なことを簡単に記入する。

評価規準		
	知識・技能	1～20までの数の言い方や尋ね方に慣れ親しむ。
	思考・判断・表現	"How many apples?" "I have（two）apples." の表現を使って数を尋ねたり答えたりする。
	態度	外国の数の数え方やじゃんけんの仕方を知ろうとしている。

各時の評価規準と評価方法		第1時【主に：知識・技能】	第2時【主に：知識・技能】	第3時【主に：態度】	第4時【主に：思考・判断・表現】
		1～10の数の言い方を知る。	1～20の数の言い方を知る。	外国のじゃんけんの仕方や数の言い方を知ろうとしている。	"How many apples?" "I have (two) apples." の表現を使って数を尋ねたり答えたりする。
No.	名前	評価方法<①行，④自>	評価方法<①行，④自>	評価方法<①行，④自>	評価方法<①行>
1					
2					
3					
4					
5					
6					
7					
8					
9					
10					
11					
12					
13					
14					
15					
16					
17					
18					
19					
20					
21					
22					
23					
24					
25					
26					
27					
28					
29					
30					
31					
32					
33					
34					
35					
36					
37					
38					
39					
40					

Unit4　評価補助簿

[[評価方法] ①行動観察：行　②発表観察：発　③“Let's Try!1”（ワークシート等）：L.T.　④自己評価：自　⑤相互評価：相　＊可能なら特徴的なことを簡単に記入する。

評価規準		
	知識・技能	好みを表したり，好きかどうかを聞いたり言ったりすることに慣れ親しむ。
	思考・判断・表現	好きかどうかを尋ねたり答えたりして，互いの好みについて伝え合う。
	態度	他者に配慮しながら，好きなことについて伝え合おうとする。

各時の評価規準と評価方法		第１時【主に：知識・技能】	第２時【主に：知識・技能】	第３時【主に：思考・判断・表現】	第４時【主に：態度】
		世界の虹の色の違いに気づき，色の言い方を知る。	好みを表す表現に慣れ親しんでいる。	友だちに積極的にインタビューをし，結果をまとめている。	聞き手を意識しながら自己紹介を発表したり，興味をもって聞いたりしている。
No.	名前	評価方法<①行，②発，③L.T.(p.14.15.16)，④自>	評価方法<①行，②発，③L.T. (p.16)，④自>	評価方法<①行，②発，③L.T. (p.16)，④自，⑤相>	評価方法<①行，②発，③L.T.(ワークシート)，④自>
1					
2					
3					
4					
5					
6					
7					
8					
9					
10					
11					
12					
13					
14					
15					
16					
17					
18					
19					
20					
21					
22					
23					
24					
25					
26					
27					
28					
29					
30					
31					
32					
33					
34					
35					
36					
37					
38					
39					
40					

Unit5　評価補助簿

［評価方法］①行動観察：行　②発表観察：発　③“Let's Try!1”（ワークシート等）：L.T.　④自己評価：自　⑤相互評価：相　＊可能なら特徴的なことを簡単に記入する。

評価規準	知識・技能	日本語と英語の音声の違いに気づき，身の回りのものの言い方や，何が好きかを聞いたり言ったりする言い方を知る。
	思考・判断・表現	何が好きか聞いてわかったり，相手に伝わるように工夫しながら，何が好きかを伝え合ったりする。
	態度	他者に配慮しながら，何が好きかを尋ねたり答えたりして伝え合おうとする。

各時の評価規準と評価方法		第１時【主に：知識・技能】 日本語と英語の発音の違いやその面白さなどに気づいている。 評価方法＜①行，②発，④自＞	第２時【主に：思考・判断・表現】 推測しながら，何が好きかを聞き取っている。 評価方法＜①行，②発，③L.T.(p.21)，④自＞	第３時【主に：態度】 積極的に友だちに何が好きか尋ねたり答えたりしようとしている。 評価方法＜①行，③L.T.(p.20)，④自，⑤相＞	第４時【主に：思考・判断・表現】 友だちに何が好きか尋ねたり答えたりする。 評価方法＜①行，③L.T.(p.21)，④自，⑤相＞
No.	名前				
1					
2					
3					
4					
5					
6					
7					
8					
9					
10					
11					
12					
13					
14					
15					
16					
17					
18					
19					
20					
21					
22					
23					
24					
25					
26					
27					
28					
29					
30					
31					
32					
33					
34					
35					
36					
37					
38					
39					
40					

Unit6　評価補助簿

［評価方法］①行動観察：行　②発表観察：発　③"Let's Try!1"（ワークシート等）：L.T.　④自己評価：自　⑤相互評価：相　＊可能なら特徴的なことを簡単に記入する。

評価規準	知識・技能	身の回りには活字体の文字で表されているものがあることに気づき，活字体の大文字とその読み方を知り，大文字を探したり読んだりする。
	思考・判断・表現	アルファベットの文字の形などに着目して，アルファベットの仲間分けをする。
	態度	相手に伝わるように工夫しながら，アルファベットの文字つなぎクイズやカード交換をし，文字について伝え合ったりしようとする。

各時の評価規準と評価方法		第１時【主に：知識・技能】	第２時【主に：態度】	第３時【主に：思考・判断・表現】	第４時【主に：態度】
		アルファベットの大文字の読み方を知り，アルファベットの読み方と文字を一致させている。	アルファベットの文字つなぎクイズを積極的に出し合っている。	アルファベットの文字の形などに着目して仲間分けをする。	名前の頭文字のアルファベットカードを交換したり，伝え合ったりしている。
No.	名前	評価方法＜①行，④自，⑤相＞	評価方法＜①行，④自，⑤相＞	評価方法＜①行，②発，③L.T.(p.24)，④自＞	評価方法＜①行，②発，③L.T.(p.25)，⑤相＞
1					
2					
3					
4					
5					
6					
7					
8					
9					
10					
11					
12					
13					
14					
15					
16					
17					
18					
19					
20					
21					
22					
23					
24					
25					
26					
27					
28					
29					
30					
31					
32					
33					
34					
35					
36					
37					
38					
39					
40					

Unit7　評価補助簿

［評価方法］①行動観察：行　②発表観察：発　③“Let's Try!1”（ワークシート等）：L.T.　④自己評価：自　⑤相互評価：相　＊可能なら特徴的なことを簡単に記入する。

評価規準	知識・技能	いろいろな形や欲しいものの言い方を知り，表現やリズムに慣れ親しむ。
	思考・判断・表現	自分が作ったグリーティングカードの説明をする。
	態度	欲しいものを尋ねたり，相手に伝えたりする表現を使って，相手とやり取りしようとする。

各時の評価規準と評価方法		第１時【主に：知識・技能】	第２時【主に：知識・技能】	第３時【主に：思考・判断・表現】	第４時【主に：態度】	第５時【主に：思考・判断・表現】
		いろいろな形や欲しいものの言い方を知り，表現やリズムに慣れ親しむ。	世界のさまざまなカードについて知り，日本のものと似ているところ，違うところなどに気づく。	欲しいものを尋ねたり，相手に伝えたりする。	欲しいものを尋ねたり，相手に伝えたりする表現を使って，相手と積極的にやり取りする。	自分の作ったカードを説明する。
No.	名前	評価方法<①行，③L.T.(P26)，④自>	評価方法<①行，②発，④自，⑤相>	評価方法<①行，④自，⑤相>	評価方法<①行，②発，④自，⑤相>	評価方法<②発，制作物>
1						
2						
3						
4						
5						
6						
7						
8						
9						
10						
11						
12						
13						
14						
15						
16						
17						
18						
19						
20						
21						
22						
23						
24						
25						
26						
27						
28						
29						
30						
31						
32						
33						
34						
35						
36						
37						
38						
39						
40						

Unit8　評価補助簿

［評価方法］①行動観察：行　②発表観察：発　③"Let's Try!1"（ワークシート等）：L.T.　④自己評価：自　⑤相互評価：相　＊可能なら特徴的なことを簡単に記入する。

評価規準		
	知識・技能	さまざまなものの言い方や尋ね方，答え方を知る。
	思考・判断・表現	ものの特徴をとらえてヒントを考え，クイズを作る。
	態度	進んでものの言い方を尋ねたり答えたりする。

各時の評価規準と評価方法		第１時【主に：知識・技能】	第２時【主に：態度】	第３時【主に：態度】	第４時【主に：思考・判断・表現】	第５時【主に：態度】
		さまざまなものの言い方を知る。	進んでものの言い方を尋ねたり答えたりしようとしている。	進んでクイズに答えようとしている。	出題するものの特徴を考えてヒントを作っている。	クイズを出したり答えたりしながら，積極的にコミュニケーションを図っている。
No.	名前	評価方法<①行，④自>	評価方法<①行，②発，④自>	評価方法<①行，②発，④自>	評価方法<①行，②発，④自>	評価方法<①行，②発，④自，⑤相>
1						
2						
3						
4						
5						
6						
7						
8						
9						
10						
11						
12						
13						
14						
15						
16						
17						
18						
19						
20						
21						
22						
23						
24						
25						
26						
27						
28						
29						
30						
31						
32						
33						
34						
35						
36						
37						
38						
39						
40						

Unit9　評価補助簿

［評価方法］①行動観察：行　②発表観察：発　③“Let’s Try!1”（ワークシート等）：L.T.　④自己評価：自　⑤相互評価：相　＊可能なら特徴的なことを簡単に記入する。

評価規準	知識・技能	動物の特徴を聞き取る。
	思考・判断・表現	何の動物か相手が推測しやすい特徴を考え，伝え合う。
	態度	アイコンタクトを意識して動物当てゲームをする。

各時の評価規準と評価方法		第１時【主に：知識・技能】 動物の名を知る。	第２時【主に：態度】 聞き取れた単語や隠れている動物が何なのかを伝え合っている。	第３時【主に：知識・技能】 動物やその特徴を表す単語を知っている。	第４時【主に：思考・判断・表現】 動物の特徴をとらえたヒントを考え，伝えている。	第５時【主に：態度】 アイコンタクトを意識して動物の特徴を伝え合っている。
No.	名前	評価方法＜①行，③L.T.(P36)，④自＞	評価方法＜①行，②発，④自，⑤相＞	評価方法＜①行，④自，⑤相＞	評価方法＜①行，②発，④自，⑤相＞	評価方法＜①行，②発，④自，⑤相＞
1						
2						
3						
4						
5						
6						
7						
8						
9						
10						
11						
12						
13						
14						
15						
16						
17						
18						
19						
20						
21						
22						
23						
24						
25						
26						
27						
28						
29						
30						
31						
32						
33						
34						
35						
36						
37						
38						
39						
40						

Unit1 Hello!　あいさつをして友だちになろう　振り返りカード

月　　日　今日の活動内容２／２〔　　　　　　　　　　　　　　　　　　　　　　　〕

	よくできた	できた	もう少し
○自ら進んで活動をしましたか。			
○はっきりした声で話したり，チャンツなどをしたりしましたか。			
○相手の方を見て話したり聞いたりしましたか。			
○楽しんで自己紹介ができましたか。			

※今日の活動の感想（会話の楽しさや友だちのよいところ，新しい発見等）を書きましょう。

Unit2 How are you?　ごきげんいかが？　振り返りカード

月　　日　今日の活動内容２／２〔　　　　　　　　　　　　　　　　　　　　　　　〕

	よくできた	できた	もう少し
○自ら進んで活動をしましたか。			
○はっきりした声で話したり，チャンツなどをしたりしましたか。			
○相手の方を見て話したり聞いたりしましたか。			
○表情やジェスチャーを工夫して，相手に伝えようとしましたか。			

※今日の活動の感想（会話の楽しさや友だちのよいところ，新しい発見等）を書きましょう。

Unit3 How many?　数えてあそぼう　振り返りカード

月　　日　今日の活動内容４／４〔　　　　　　　　　　　　　　　　　　　　　　　〕

	よくできた	できた	もう少し
○自ら進んで活動をしましたか。			
○はっきりした声で話したり，チャンツなどをしたりしましたか。			
○相手の方を見て話したり聞いたりしましたか。			
○数を進んで相手に質問することができましたか。			

※今日の活動の感想（会話の楽しさや友だちのよいところ，新しい発見等）を書きましょう。

Unit4 I like blue.　すきなものをつたえよう　**振り返りカード**

月　　日　今日の活動内容４／４〔　　　　　　　　　　　　　　　　　　　　　　　　〕

	よくできた	できた	もう少し
○自ら進んで活動をしましたか。			
○はっきりした声で話したり，チャンツなどをしたりしましたか。			
○相手の方を見て話したり聞いたりしましたか。			
○自己紹介を進んで発表したり聞いたりできましたか。			

※今日の活動の感想（会話の楽しさや友だちのよいところ，新しい発見等）を書きましょう。

Unit5 What do you like?　何がすき？　**振り返りカード**

月　　日　今日の活動内容４／４〔　　　　　　　　　　　　　　　　　　　　　　　　〕

	よくできた	できた	もう少し
○自ら進んで活動をしましたか。			
○はっきりした声で話したり，チャンツなどをしたりしましたか。			
○相手の方を見て話したり聞いたりしましたか。			
○何が好きか，進んで聞き合えましたか。			

※今日の活動の感想（会話の楽しさや友だちのよいところ，新しい発見等）を書きましょう。

Unit6 ALPHABET　アルファベットとなかよし　**振り返りカード**

月　　日　今日の活動内容４／４〔　　　　　　　　　　　　　　　　　　　　　　　　〕

	よくできた	できた	もう少し
○自ら進んで活動をしましたか。			
○はっきりした声で話したり，チャンツなどをしたりしましたか。			
○相手の方を見て話したり聞いたりしましたか。			
○進んでアルファベットを伝え合えましたか。			

※今日の活動の感想（会話の楽しさや友だちのよいところ，新しい発見等）を書きましょう。

Unit7 This is for you.　カードをおくろう　振り返りカード

月　　日　今日の活動内容５／５〔　　　　　　　　　　　　　　　　　　　　　　　　　　〕

	よくできた	できた	もう少し
○自ら進んで活動をしましたか。			
○はっきりした声で話したり，チャンツなどをしたりしましたか。			
○相手の方を見て話したり聞いたりしましたか。			
○自分が作ったカードをしょうかいすることができましたか。			

※今日の活動の感想（会話の楽しさや友だちのよいところ，新しい発見等）を書きましょう。

Unit8 What's this?　これなあに？　振り返りカード

月　　日　今日の活動内容５／５〔　　　　　　　　　　　　　　　　　　　　　　　　　　〕

	よくできた	できた	もう少し
○自ら進んで活動をしましたか。			
○はっきりした声で話したり，チャンツなどをしたりしましたか。			
○相手の方を見て話したり聞いたりしましたか。			
○進んでクイズを出したり答えたりできましたか。			

※今日の活動の感想（会話の楽しさや友だちのよいところ，新しい発見等）を書きましょう。

Unit9 Who are you?　きみはだれ？　振り返りカード

月　　日　今日の活動内容５／５〔　　　　　　　　　　　　　　　　　　　　　　　　　　〕

	よくできた	できた	もう少し
○自ら進んで活動をしましたか。			
○はっきりした声で話したり，チャンツなどをしたりしましたか。			
○相手の方を見て話したり聞いたりしましたか。			
○動物のとくちょうを，相手がわかるように伝えられましたか。			

※今日の活動の感想（会話の楽しさや友だちのよいところ，新しい発見等）を書きましょう。

Chapter 3

“Let's Try! 2” 35時間の学習指導案＆評価マニュアル

3

Unit1のポイント

1. 単元のねらい

ここでは，４年生の始まりとして，挨拶を取り扱います。３年生の Unit 1 でも挨拶を取り扱いましたが，新しい表現を加え，また，３年生で学んだ好きなこと・嫌いなことも加えて，友だちと話し合わせます。内容的には難しくないので，もしクラス替えをしていた場合，ペアで話をさせるだけではなく，今後の活動として求められる「発表」を意識して，クラスの全員の前で一人ずつ英語での自己紹介をさせ，クラスをまとめるように考えたいものです。

この単元で出てくる主な語彙

morning：朝　afternoon：午後　night：夜　world：世界

2. 覚えたい英語表現

(1)A：Hello. Good morning.
　B：Hi. Good morning.
(2)A：Good afternoon.
　B：Good afternoon.
(3)A：Good night.
　B：Good night. See you.
(4) I like soccer. I don't like swimming.

3. 言語活動成功のポイント

第４学年のスタートです。１年前の第３学年の導入の際にも挨拶を取り扱いましたが，それに加えて，朝の挨拶や昼の挨拶などを知り，挨拶の表現を膨らませます。普段から授業の挨拶の際に，担任が Good morning. などと声かけをしている場合には，新しい感じがしないかもしれません。マンネリ化を防ぐためには，新しい表現を加えるのも一考です。How do you do? や Nice to meet you. など，後に学習する表現なども加えてみることです。

そこで，活動に加えてみたい表現は，上記の２つの表現の他に以下のようなものが考えられます。

・My name is Takahiro. Please call me Taka.
・Are you happy? Are you fine? Are you free?
・What time is it?
・Let's go to～.

などです。テキストにはないからといって教えてはいけないというものではありません。英語は何度も何度も使って，体得していくものです。

また，このような表現や発表などでは，担任の説明は極力減らして，十分な活動時間を確保したいものです。

Hello, world!　世界のいろいろなことばであいさつをしよう

Unit1　第1時　学習指導案　01

1 単　元　Hello, world!（２時間）

2 主　題　「世界にはさまざまな挨拶の仕方や文字があることを知ろう」（１／２）

3 ねらいと評価のポイント

○世界にはさまざまな挨拶の仕方があることに気づく。（知識・技能）

○いろいろな国の挨拶の言い方に慣れ親しむ。（知識・技能）

4 準　備　電子黒板，国旗カード，世界地図，民族衣装などの小道具，振り返りカード

5 展　開

子どもの活動	ＨＲＴの支援と評価（※）
Warming up	
1　はじめの挨拶をする。 Hello, Mr. (Ms.)～. I'm fine, thank you. How are you?	○笑顔で気楽な雰囲気をつくり，挨拶をする。 Hello, everyone. How are you today? I'm fine, thank you.
2　今日のめあてを確認する。	○めあてを確認させ，世界にはさまざまな挨拶の仕方や文字があることを知ろうとする意欲を高めさせる。
めあて　世界にはさまざまな挨拶の仕方や文字があることを知ろう。	
Main activities	
3　どこの国の挨拶かな？，世界の挨拶を聞いてみよう，世界あいさつ旅行をする。	○ Main activities の活動を知らせ，活動の見通しをもたせる。
≪①どこの国の挨拶かな？≫“Let's Try!2”p.2, 3	≪①どこの国の挨拶かな？≫ Let's Watch and Think1
・デジタル教材を視聴し，世界のいろいろな国の挨拶について気づいたことを記入する。 ・気づいたことを発表し合う。	○世界地図を掲示する。 ○世界地図とテキストで，５つの国の場所を確認しながら電子黒板でデジタル教材を視聴させる。 ○全ての国の映像を見せ，気づいたことをテキストに記入させる。 ○表情やジェスチャーなどの言語以外の要素もコミュニケーションを図る上で大切であることにも気づかせる。
≪②世界の挨拶を聞いてみよう≫“Let's Try!2”p.2, 3	≪②世界の挨拶を聞いてみよう≫ Let's Listen1
・音声を聞き，どの国の挨拶か推測し，テキストに番号を記入する。 ・音声をもう一度聞きながら，テキストの番号を確認し合う。	○音声を聞かせ，テキストに番号を記入させる。 ○聞く回数は，児童の実態に合わせる。 ○世界にはさまざまな文字や挨拶の仕方があることから，多様性に気づかせる。
≪③世界あいさつ旅行≫	≪③世界あいさつ旅行≫
・ロシア・アメリカ・サウジアラビア・インドネシア・日本などの国のうち，担当の国を１つ決める。 ・教室に掲示された国旗のところに集まり，その国の挨拶の仕方を練習する。 ・クラスを前半・後半に分け，世界旅行に出かけるチームか，その国で挨拶をするチームにする。 ・世界旅行に出かけるチームは，教室内の各国のグループのところに挨拶に行く。その国で友だちに挨拶をするチームは，各国のグループの場所で，来た友だちとその国の挨拶の仕方で挨拶をする。	○担当の国を決めさせる。その国の国旗を教室周囲に掲示し，担当の国のところに移動させる。 ○挨拶の仕方を国ごとで練習させる。その際，映像を繰り返し流しておく。民族衣装などの小道具があれば用意する。 ○スタート位置は自分の担当の国とし，１周回って元に戻ったら止め，後半の準備をさせる。 ○児童の実態に合わせ，扱う国の数を決める。 ※世界にはさまざまな挨拶の仕方や文字があることを知り，表現しようとしている。　<行動観察，振り返りカード>
Looking back	
4　本時の学習を振り返る。 ○振り返りカードに，会話の楽しさや新しい気づき，友だちのよいところ等を書き，発表する。	○会話の楽しさや新しい気づき等を発表させ，称賛し合わせる。
5　終わりの挨拶をする。 Thank you very much. Goodbye, Mr. (Ms.)～. See you.	○終わりの挨拶をする。 That's all for today. You did a great job! Goodbye, everyone. See you next time.

Unit1　第2時　学習指導案

1 単　元　Hello, world!（２時間）

2 主　題「挨拶や自己紹介をして，好きなものや嫌いなものを伝え合おう」（２／２）

3 ねらいと評価のポイント

○“Hello（Hi), I'm～.” “Good [morning/afternoon/night].” “I like～.” “I don't like～.” の表現を使って，挨拶や自己紹介をする。　（思考・表現・判断）

○相づちを打ちながら，友だちの話を聞こうとしている。　（態度）

4 準　備　電子黒板，国旗カード，世界地図，民族衣装などの小道具，振り返りカード

5 展　開

子どもの活動	ＨＲＴの支援と評価（※）
Warming up	
1　はじめの挨拶をする。 Hello, Mr. (Ms.)～. I'm fine, thank you.　How are you?	○笑顔で気楽な雰囲気をつくり，挨拶をする。 Hello, everyone. How are you today?　I'm fine, thank you.
2　今日のめあてを確認する。	○めあてを確認させ，挨拶や自己紹介をして，好きなものや嫌いなものを伝え合おうとする意欲を高めさせる。
めあて　挨拶や自己紹介をして，好きなものや嫌いなものを伝え合おう。	
Main activities	
3　好きなものは何ですか？，挨拶を聞き比べよう，聞き取りクイズ，インタビューゲームをする。	○ Main activities の活動を知らせ，活動の見通しをもたせる。
≪①好きなものは何ですか？≫“Let's Try!2” p.4	≪①好きなものは何ですか？≫ Let's Play
・相づちの言い方を知る。 ・ペアで自己紹介（挨拶，名前や好きなもの）を伝え合う。聞き手は，相づちを打ちながら聞く。	○自己紹介のデモンストレーションをする。その際の聞き手の態度（表情，うなずき，ジェスチャー，相づちなど）が話し手の話しやすさにつながることを気づかせる。 ○相づちの言い方をいくつか提示し，練習させる。 ○ペアをつくり，相手を意識しながら自己紹介させる。
≪②挨拶を聞き比べよう≫“Let's Try!2” p.4	≪②挨拶を聞き比べよう≫ Let's Watch and Think2
・デジタル教材を視聴し，１日のうちのいつの挨拶か推測し，発表し合う。	○デジタル教材を視聴させ，気づいたことをテキストに記入させる。 ○英語には，時間帯に関係なく共通に使える hello や hi があることに改めて気づかせる。
≪③聞き取りクイズ≫“Let's Try!2” p.5	≪③聞き取りクイズ≫ Let's Listen2
・音声を聞きながら，登場人物の名前や好きなものなどを聞き取り，テキストに記入する。 ・聞き取ったことを，発表し合う。	○児童の実態に合わせて，記入の仕方は単語で記入したり文で記入させたりする。
≪④インタビューゲーム≫“Let's Try!2” p.5	≪④インタビューゲーム≫ Activity
・インタビューゲームをして，好きなことや嫌いなことを伝え合う。 ・聞き取ったことを，インタビューシートに記入する。	○インタビューゲームのデモンストレーションをして，既習の表現を思い出させたり，ルールを確認したりする。その際，相づちも大切にするように声をかける。 ○インタビューシートを配り，記入の仕方を伝える。 ※挨拶や自己紹介をして，好きなものや嫌いなものを積極的に聞いたり伝えたりしている。　<行動観察>
Looking back	
4　本時の学習を振り返る。 ○振り返りカードに，会話の楽しさや新しい気づき，友だちのよいところ等を書き，発表する。	○会話の楽しさや新しい気づき等を発表させ，称賛し合わせる。
5　終わりの挨拶をする。 Thank you very much. Goodbye, Mr. (Ms.)～.　See you.	○終わりの挨拶をする。 That's all for today.　You did a great job! Goodbye, everyone.　See you next time.

Let's play cards.　すきな遊びをつたえよう

Unit2のポイント

1. 単元のねらい

ここでは，日本と世界の子どもたちの遊びについて扱うとともに，天気の語彙や表現を使って活動をします。

世界の子どもたちの遊びといっても共通部分が多く，日本語での呼び名は英語でも同じ場合があり，取り立てて説明する必要はありませんが，その国特有の遊びについては，母語で表すしかありません。例えば，*Kendama*，*Kankeri* などは，無理に英語に訳しても相手には通じません。これらは日本特有の遊びであることも伝えたいものです。

この単元で出てくる主な語彙

weather：天気　sunny：晴れの　rainy：雨の　cloudy：曇りの　snowy：雪の　hot：暑い
cold：寒い　stand：立つ　sit：座る　stop：止まる　jump：跳ねる　turn：回る
walk：歩く　run：走る　look：見える　put：置く　touch：触る　play：遊ぶ　up：上へ
down：下へ　on：上に　around：周りに　left：左　let's：～しよう　today：今日
hand：手　leg：足　tag：鬼ごっこ　jump rope：なわとび　bingo：ビンゴゲーム
game：ゲーム　outside：外で　inside：中で　shirt：シャツ　shorts：パンツ
sweater：セーター　pants：ズボン　boots：ブーツ　cap：帽子

2. 覚えたい英語表現

(1) A：How's the weather?
　B：It's sunny (cloudy, rainy, snowy) .

(2) A：Let's play cards.
　B：Yes, let's.

(3) Sorry. Stand up. Sit down. Stop. Walk. Jump. Run. Turn around.

3. 言語活動成功のポイント

天候を尋ねる表現は，授業の開始時の挨拶でも頻繁に使われる場合が多く，取り立ててこれらの表現を取り扱わなくてもよい状況も考えられます。ここは適宜考えるべきで，テキストにあるからといって取り扱わなければならないなどと考える必要はありません。

また，Sorry. や Stand up. も担任が普段から使用している場合には，軽く触れる程度でよいでしょう。つまり，担任の普段のクラスルーム・イングリッシュの使用頻度が授業内容にも関連しているということです。

遊びに関する英語名（例えば，tag など）を知ったとしても，ただ知識を得るだけで，それほど重要なことではありません。それより，トランプのポーカーなどの遊びを英語で実際にさせてみたり，鬼ごっこを英語を使ってさせてみたり，実体験と英語を結びつけることで，活用範囲が広がります。

Unit2　第1時　学習指導案

1 単　元　Let's play cards.（４時間）

2 主　題　「天気の言い方や，天気を尋ねたり答えたりする表現を知ろう」（1／4）

3 ねらいと評価のポイント

○世界の子どもたちの遊びの様子に興味や関心をもっている。　（態度）

○天気の言い方や，天気を尋ねたり答えたりする表現を知る。　（知識・技能）

4 準　備　電子黒板，天気カード，振り返りカード

5 展　開

子どもの活動	ＨＲＴの支援と評価（※）
Warming up 1　はじめの挨拶をする。 Hello, Mr.（Ms.）～. I'm fine, thank you. How are you?	○笑顔で気楽な雰囲気をつくり，挨拶をする。 Hello, everyone. How are you today? I'm fine, thank you.
2　担任の天気紹介を聞く。	○簡単な英語を使って，天気紹介をする。 Look through the window. It's sunny. Let's play dodgeball.
3　今日のめあてを確認する。	○めあてを確認させ，天気の言い方や，天気を尋ねたり答えたりする表現を知ろうとする意欲を高めさせる。
めあて　天気の言い方や，天気を尋ねたり答えたりする表現を知ろう。	
Main activities 4　何がわかったかな，歌，キーワードゲーム，チャンツをする。	○ Main activities の活動を知らせ，活動の見通しをもたせる。
≪①何がわかったかな≫ "Let's Try!2" p.6, 7 ・映像を見て，どこの国でどのような遊びをしていたかなど，わかったことを発表する。 ・天気の言い方を知り，練習する。 ・天気に合わせて，状態・気持ちを言う。	≪①何がわかったかな≫ Let's Watch and Think1 ○日本や世界の子どもたちの様子を視聴させ，わかったことを発表させる。 ○天気カードを使って，天気の言い方を練習させる。 ○天気と状態・気持ちをマッチングさせ，言い方に慣れさせる。
≪②歌♪ Rain, rain, go away ♪など≫ "Let's Try!2" デジタル教材 ・音声を聞き，わかるところを英語で歌う。	≪②歌≫ Let's Sing ○音声を聞き，わかるところは英語で歌うように伝える。
≪③キーワードゲーム≫ ・ペアで向かい合い，２人の間に消しゴムを置く。 ・天気カードの中からキーワードを確認する。 ・担任が単語を言った後，発音して２回手をたたく。 ・キーワードが出たら，繰り返さずに消しゴムなどを取る。 ・キーワードを替えてゲームを繰り返す。	≪③キーワードゲーム≫ ○キーワード（曜日）を１つ選び，その絵カードを黒板に貼る。 ○例えば「月曜日」の時は，「sunny（担任）sunny（子ども）手拍子２回」としていく。
≪④チャンツ♪ How's the weather? ♪≫ "Let's Try!2" p.6 ・音声を聞き，リズムに合わせて，チャンツをする。 ・チャンツを何回か繰り返し，言い方に慣れる。 ・担任が言った天気のカード（巻末）を，天気図（テキスト）の上に置く。（担任）I'm in Osaka.（子ども）How's the weather?（担任）It's sunny.	≪④チャンツ≫ Let's Chant ○音声を聞き，リズムに合わせて，チャンツをさせる。 ○チャンツを繰り返し練習し，言い方に慣れさせる。 ○担任が言った天気のカード（巻末）を，天気図（テキスト）の上に置かせる。 ※チャンツを通して，天気を尋ねたり答えたりする表現を聞き取っている。　<行動観察>
Looking back 5　本時の学習を振り返る。 ○振り返りカードに，会話の楽しさや新しい気づき，友だちのよいところ等を書き，発表する。	○会話の楽しさや新しい気づき等を発表させ，称賛し合わせる。
6　終わりの挨拶をする。 Thank you very much. Goodbye, Mr.（Ms.）～. See you.	○終わりの挨拶をする。 That's all for today. You did a great job ! Goodbye, everyone. See you next time.

Let's play cards.　すきな遊びをつたえよう

Unit2　第2時　学習指導案　04

1 単　元　Let's play cards.（４時間）

2 主　題「遊びに誘う表現を使って，聞いたり言ったりしよう」（２／４）

3 ねらいと評価のポイント

○天気を尋ねたり答えたりする活動を通してコミュニケーションを楽しんでいる。（態度）

○遊びに誘う表現を使って聞いたり言ったりしている。（思考・判断・表現）

4 準　備　電子黒板，天気カード，お遊びカード，振り返りカード

5 展　開

子どもの活動	ＨＲＴの支援と評価（※）
Warming up 1　はじめの挨拶をする。 Hello, Mr. (Ms.)～. I'm fine, thank you.　How are you?	○笑顔で気楽な雰囲気をつくり，挨拶をする。 Hello, everyone. How are you today?　I'm fine, thank you.
2　チャンツ♪ How's the weather? ♪をする。 （"Let's Try!2" p.6）	○音声を聞き，リズムに合わせてチャンツをする。
3　今日のめあてを確認する。	○めあてを確認させ，遊びに誘う表現を使って，聞いたり言ったりしようとする意欲を高めさせる。
めあて　遊びに誘う表現を使って，聞いたり言ったりしよう。	
Main activities 4　ポインティングゲーム，チェーンゲーム，聞き取りクイズをする。	○ Main activities の活動を知らせ，活動の見通しをもたせる。
≪①ポインティングゲーム≫ ・遊びの言い方を練習する。 ・ペアを組み，２人の間に遊びのカード（巻末）を置く。 ・担任が言った遊びカードを指さす。	≪①ポインティングゲーム≫ ○担任が絵カードをめくりながら練習させる。 ○ペアを組み，２人の間に遊びのカード（巻末）を置かせる。 ○担任が言った遊びを指さすように指示する。 ○慣れてきたら，早く指した方に１ポイントが入るゲームにする。
≪②チェーンゲーム≫ ・５，６人で１列になる。 ・まず，先頭の子どもＡと２番目の子どもＢとが会話する Ａ：How's the weather? Ｂ：It's～. Ａ：Let's play cards. Ｂ：O.K. ・次に２番目の子どもがA，３番目の子どもがBを言う。 ・最後尾の子どもは先頭の子どもと会話する。 ・全員終わったら "Finished!" と言って全員座る。	≪②チェーンゲーム≫ ○チェーンゲームの仕方を説明する。 ○尋ね方や答え方で戸惑う子どもに寄り添い支援する。 ○アイコンタクトや笑顔などに気をつけ，相手に伝わるように会話させる。 ※遊びに誘う表現を使って，聞いたり言ったりしようとしている。<行動観察>
≪③聞き取りクイズ≫ "Let's Try!2" p.8 ・音声を聞き，誰がどのような天気にどのような遊びをするか，線で結ぶ。 ・再度音声を聞き，答えを確認する。	≪③聞き取りクイズ≫ Let's Listen1 ○ "Let's Try!2" p.8のイラストを見て，ゲームの内容を知らせる。 ○音声をよく聞き，答えを書かせる。 ○再度音声を聞かせ，答えを確認する。
Looking back 5　本時の学習を振り返る。 ○振り返りカードに，会話の楽しさや新しい気づき，友だちのよいところ等を書き，発表する。	○会話の楽しさや新しい気づき等を発表させ，称賛し合わせる。
6　終わりの挨拶をする。 Thank you very much. Goodbye, Mr. (Ms.)～.　See you.	○終わりの挨拶をする。 That's all for today. You did a great job! Goodbye, everyone.　See you next time.

Unit2　第3時　学習指導案

1 単　元　Let's play cards.（４時間）

2 主　題　「好きな遊びを尋ねたり答えたりすることに慣れよう」（３／４）

3 ねらいと評価のポイント

○好きな遊びを尋ねたり答えたりすることに慣れ親しむ。（知識・技能）

○天気に応じた自分がしたい遊びを考え，表現する。（思考・判断・表現）

4 準　備　電子黒板，天気カード，動作カード，振り返りカード

5 展　開

子どもの活動	ＨＲＴの支援と評価（※）
Warming up	
1　はじめの挨拶をする。 Hello, Mr. (Ms.)～. I'm fine, thank you. How are you?	○笑顔で気楽な雰囲気をつくり，挨拶をする。 Hello, everyone. How are you today? I'm fine, thank you.
2　チャンツ♪ How's the weather? ♪をする。 （"Let's Try!2" p.6）	○音声を聞き，リズムに合わせてチャンツをする。
3　今日のめあてを確認する。	○めあてを確認させ，好きな遊びを尋ねたり答えたりすることに慣れようとする意欲を高めさせる。
めあて　好きな遊びを尋ねたり答えたりすることに慣れよう。	
Main activities	
4　動作の言い方練習，サイモンセズ，インタビューゲームの準備，聞き取りクイズをする。	○ Main activities の活動を知らせ，活動の見通しをもたせる。
≪①動作の言い方練習≫	≪①動作の言い方練習≫
・"Let's Try2" p.6，7を見て，どのような動作があるかを発表する。 ・動作の言い方を練習する	○知っている動作の言い方を発表した子どもがいれば，"You, too?" とクラス全体にも尋ねる。 ○担任が絵カードをめくりながら練習させる。 ○黒板に絵カードを貼り，指示した動作を言わせる。
≪②サイモンセズ≫	≪②サイモンセズ≫
・サイモンセズと言った時だけ，その動作をする。 ・サイモンセズ以外で動いたり，動作を間違えたりしたら座る。 ・最後まで間違えずに残った人が勝ち。	○担任が簡単な英語でゲームに誘う。 Today is rainy. Let's play 'Simon says game'. ○デモンストレーションをする。 ○間違えたかどうかは，自分で判断させる。 ○勝った児童をほめる。
≪③インタビューゲームの準備≫ "Let's Try!2" p.9	≪③インタビューゲームの準備≫
・自分がしたい遊びを考え，ペアで言い方を練習する。 A：How's the weather? B：It's～. A：Let's play cards. B：Yes, let's./Sorry. ・ペアでしたい遊びのベスト３を予想する。	○次回，"Let's Try!2" p.9の Activity をすることを伝える。 ○自分がしたい遊びを考え，ペアで言い方を練習させる。 ○ペアでしたい遊びのベスト３を予想させ，次回の活動でインタビューゲームをし，予想と同じかどうかを確認することを伝える。 ※進んで自分がしたい遊びを考え，言い方を練習している。 ＜行動観察＞
≪④聞き取りクイズ≫ "Let's Try!2" p.8	≪④聞き取りクイズ≫ Let's Listen2
・衣類の言い方を確認し，どのような天気にどんな衣類を着用するか予測する。 ・音声を聞き，記入する。 ・聞き取った単語を発表する。 ・再度音声を聞き，答えを確認する。	○ "Let's Try!2" p.8のイラストを見て，衣類の言い方を確認し，どのような天気にどんな衣類を着用するか経験を思い起こさせる。 ○音声をよく聞き，記入させる。 ○聞き取った単語を発表させる。 ○再度音声を聞かせ，答えを確認する。
Looking back	
5　本時の学習を振り返る。 ○振り返りカードに，会話の楽しさや新しい気づき，友だちのよいところ等を書き，発表する。	○会話の楽しさや新しい気づき等を発表させ，称賛し合わせる。
6　終わりの挨拶をする。 Thank you very much. Goodbye, Mr. (Ms.)～. See you.	○終わりの挨拶をする。 That's all for today. You did a great job ! Goodbye, everyone. See you next time.

Let's play cards.　すきな遊びをつたえよう

Unit2　第4時　学習指導案　06

1 単　元　Let's play cards.（４時間）

2 主　題　「好きな遊びを伝え合おう」（４／４）

3 ねらいと評価のポイント

○映像や音声を視聴して，天気の様子を推測したり，聞き取ったりする。（思考・判断・表現）

○好きな遊びを伝え合う活動を通して，コミュニケーションを楽しんでいる。（態度）

4 準　備　電子黒板，天気のカード，動作のカード，振り返りカード

5 展　開

子どもの活動	ＨＲＴの支援と評価（※）
Warming up 1　はじめの挨拶をする。 Hello, Mr. (Ms.)～. I'm fine, thank you.　How are you? 2　チャンツ♪ How's the weather? ♪をする。 （"Let's Try!2" p.6） サイモンセズゲームをする。（動作の言い方） 3　今日のめあてを確認する。	○笑顔で気楽な雰囲気をつくり，挨拶をする。 Hello, everyone. How are you today?　I'm fine, thank you. ○音声を聞き，リズムに合わせてチャンツをする。 動作の言い方の復習でサイモンセズゲームをする。 ○めあてを確認させ，好きな遊びを伝え合おうとする意欲を高めさせる。
めあて　好きな遊びを伝え合おう。	
Main activities 4　聞き取りクイズ１，聞き取りクイズ２，インタビューゲームをする。	○ Main activities の活動を知らせ，活動の見通しをもたせる。
《①聞き取りクイズ１》"Let's Try!2" p.9 ・映像を見てわかったことや聞き取れた単語を発表する。 ・世界の自然の様子で気づいたことなどを発表する。	《①聞き取りクイズ１》Let's Watch and Think2 ○映像を見てわかったことや聞き取れた単語を発表させる。 ○世界の自然について気づいたことなどを発表させ，世界への興味関心を高めさせる。
《②聞き取りクイズ2》"Let's Try!2" p.9 ・音声で，国名と天気を聞き取り，□に天気の絵を描く。 ・聞き取れた単語を発表する。 ・再度音声を聞き，答えを確認する。	《②聞き取りクイズ２》Let's Listen3 ○音声で，国名と天気を聞き取り，□に天気の絵を描かせる。 ○聞き取れた単語を発表させる。 ○再度音声を聞かせ，答えを確認する。
《③インタビューゲーム》"Let'sTry!2" p.9 ・インタビューの方法を理解する。 ・したい遊びを伝え合い，表に書く。 Ａ：How's the weather? Ｂ：It's～. Ａ：Let's play cards. Ｂ：Yes, let's./Sorry. ・したい人が一番多かった遊びなど，インタビューをしてわかったことを発表する。	《③インタビューゲーム》Activity ○インタビューの方法を説明する。 ○アイコンタクトや笑顔などに気をつけ，相手に伝わるように会話させる。 ○インタビューをしてわかったことなどを発表させる。 ※進んでしたい遊びに誘ったり，答えたりしようとしている。 <行動観察>
Looking back 5　本時の学習を振り返る。 ○振り返りカードに，会話の楽しさや新しい気づき，友だちのよいところ等を書き，発表する。 6　終わりの挨拶をする。 Thank you very much. Goodbye, Mr. (Ms.)～.　See you.	○会話の楽しさや新しい気づき等を発表させ，称賛し合わせる。 ○終わりの挨拶をする。 That's all for today. You did a great job! Goodbye, everyone.　See you next time.

Unit3のポイント

1．単元のねらい

ここでは，曜日の言い方を知るとともに，子どもたち同士でどの曜日が好きなのかを尋ね合わせたりします。曜日の言い方に慣れるには，歌やチャンツなど，リズムに乗せて慣れ親しませる方法もあります。Sunday から順に覚えさせていく方法をとる場合が大半ですが，ある程度わかるようになった段階で，曜日をランダムに尋ねて答えさせる方法を用います。これは，子どもに「水曜日は英語で何と言いますか」と尋ねると，指を折りながら “Sunday, Monday, Tuesday, だから，Wednesday!” と順番で覚えている場合がほとんどです。学習当初はこれでもよいのですが，将来的には，曜日を自由に英語で話せるように，訓練しておきたいものです。

この単元で出てくる主な語彙

day：日　Monday：月曜日　Tuesday：火曜日　Wednesday：水曜日　Thursday：木曜日
Friday：金曜日　Saturday：土曜日　Sunday：日曜日　mushroom：マッシュルーム
watermelon：スイカ　soup：スープ　pie：パイ　sandwich：サンドイッチ
fresh：新鮮な

2．覚えたい英語表現

(1)A：What day is it?
　B：It's Monday.
(2)A：Do you like Mondays?
　B：No, I don't. I like Sundays.

3．言語活動成功のポイント

挨拶の中で，曜日や日にちについて尋ねる担任の先生は多くいます。What day is it today? と What's the date today? では，尋ねられていることが異なることを子どもたちは日ごろの挨拶で体得しています。まだ，これらの質問を挨拶の中に入れていない場合は，この Unit からでも入れてみることをおすすめします。

また，好きな曜日を言わせる場合には，その理由も一言言わせて，話をつなげる練習もさせたいものです。I like Mondays. I play soccer. という程度でもよいでしょう。

曜日の言い方に慣れ親しませるだけではなく，その由来についても触れておきたいものです。もちろん，詳しいことまでは必要ありませんが，その成り立ちを担任が子どもたちに説明することで，担任の株も上がるものです。それぞれの由来は，日曜日（Sunday）は Sun（太陽）の日の意味，月曜日（Monday）は Moon（月）の日，火曜日から土曜日までは，北欧を中心とした神々の名に由来しています。火曜日（Tuesday）は北欧神話の天空神テュール，水曜日（Wednesday）はアングロサクソンの主神オーディン，木曜日（Thursday）は北欧の雷神トール，金曜日（Friday）は北欧の愛の女神フレイヤ，土曜日（Saturday）はギリシャの農耕神サトゥルヌスに起因するとされています。

I like Mondays.　すきな曜日は何かな？

Unit3　第1時　学習指導案　07

1 単　元　I like Mondays.（3時間）

2 主　題　「曜日の言い方や，曜日を尋ねたり答えたりする表現を知ろう」（1／3）

3 ねらいと評価のポイント

○世界の同世代の子どもたちの生活に興味や関心をもっている。（態度）

○曜日の言い方や，曜日を尋ねたり答えたりする表現を知る。（知識・技能）

4 準　備　電子黒板，曜日のカード，振り返りカード

5 展　開

子どもの活動	ＨＲＴの支援と評価（※）
Warming up	
1　はじめの挨拶をする。 Hello, Mr. (Ms.) 〜. I'm fine, thank you.　How are you?	○笑顔で気楽な雰囲気をつくり，挨拶をする。 Hello, everyone. How are you today?　I'm fine, thank you.
2　世界の子どもたちの平日の放課後や週末の過ごし方を知る。（"Let's Try!2" p.11）	○映像を視聴し，自分たちとの共通点や相違点など，気づいたことを発表させる。
3　今日のめあてを確認する。	○めあてを確認させ，曜日の言い方や，曜日を尋ねたり答えたりする表現を知ろうとする意欲を高めさせる。
めあて　曜日の言い方や，曜日を尋ねたり答えたりする表現を知ろう。	
Main activities	
4　キーワードゲーム，チャンツ，カルタゲームをする。	○ Main activities の活動を知らせ，活動の見通しをもたせる。
≪①キーワードゲーム≫	≪①キーワードゲーム≫
・ペアで向かい合い，２人の間に消しゴムを置く。 ・曜日カードの中からキーワードを確認する。 ・担任が単語を言った後，発音して２回手をたたく。 ・キーワードを言われたら，繰り返さずに消しゴムなどを取る。 ・キーワードを替えてゲームを繰り返す。	○キーワード（曜日）を１つ選び，その絵カードを黒板に貼る。 ○例えば「月曜日」の時は，「Monday（担任）Monday（子ども）手拍子２回」としていく。
≪②チャンツ♪ What day is it? ♪≫ "Let's Try!2" p.10	≪②チャンツ≫ Let's Chant
・音声を聞き，リズムに合わせてチャンツをする。	○音声を聞き，リズムに合わせてチャンツをさせる。
≪③カルタゲーム≫	≪③カルタゲーム≫
・ペアになり，２人の間に曜日のカードを並べる。 ・担任に "What day is it?" と聞く。 ・担任が言った "It's〜." を繰り返しながら，その曜日のカードを取る。	○曜日カードを机の真ん中に置かせる。 ○子どもが質問したら，担任は "It's〜." と曜日を英語で言う。 ○子どもに，担任が言った言葉を必ず繰り返しながら，その曜日のカードを取るように指示する。 ○曜日カードを多く取った子の勝ち。 ※担任が言う曜日カードを，子どもたちが進んで発話しながら取っている。＜行動観察＞
Looking back	
5　本時の学習を振り返る。 ○振り返りカードに，会話の楽しさや新しい気づき，友だちのよいところ等を書き，発表する。	○会話の楽しさや新しい気づき等を発表させ，称賛し合わせる。
6　終わりの挨拶をする。 Thank you very much. Goodbye, Mr. (Ms.) 〜.　See you.	○終わりの挨拶をする。 That's all for today. You did a great job ! Goodbye, everyone.　See you next time.

I like Mondays.　すきな曜日は何かな？

Unit3　第2時　学習指導案　08

1 単　元　I like Mondays.（３時間）

2 主　題　「好きな曜日を尋ねたり答えたりしよう」（２／３）

3 ねらいと評価のポイント

○曜日を尋ねたり答えたりする活動を通してコミュニケーションを楽しんでいる。（態度）

○曜日を尋ねたり答えたりする言い方を使って，曜日クイズをする。（思考・判断・表現）

4 準　備　電子黒板，曜日カード，動作カード，ワークシート，振り返りカード

5 展　開

子どもの活動	ＨＲＴの支援と評価（※）
Warming up	
1　はじめの挨拶をする。 Hello, Mr. (Ms.)～. I'm fine, thank you. How are you?	○笑顔で気楽な雰囲気をつくり，挨拶をする。 Hello, everyone. How are you today? I'm fine, thank you.
2　チャンツ♪ What day is it? ♪をする。 （“Let's Try!2” p.10）	○音声を聞き，リズムに合わせてチャンツをする。
3　今日のめあてを確認する。	○めあてを確認させ，好きな曜日を尋ねたり答えたりしようとする意欲を高めさせる。
めあて　好きな曜日を尋ねたり答えたりしよう。	
Main activities	
4　ステレオゲーム，ポインティングクイズ，聞き取りクイズ，曜日クイズをする。	○ Main activities の活動を知らせ，活動の見通しをもたせる。
≪①ステレオゲーム≫	≪①ステレオゲーム≫
・指名された子どもは，曜日カードを１枚選び，その曜日を覚える。 ・担任の合図で子どもは覚えた曜日を一斉に言う。 ・他の子どもは，聞こえた曜日を発表する。 “What day is it?” “It's～.”	○2，３名の子どもを指名し，みんなの前に並ばせる。 ○カードを選ばせ，その曜日を覚えさせる。 ○合図で覚えた曜日を一斉に言う。 ○他の子どもに，聞こえた曜日を発表させる。
≪②ポインティングクイズ≫	≪②ポインティングクイズ≫
・ペアを組み，２人の間に動作カードを置く。 ・担任が言った動作のカードを指さす。	○ペアを組み，２人の間に動作カードを置く。 ○担任が言った動作を指さすように指示する。 ○慣れてきたら，早く指さした方に１ポイントが入るゲームにする。
≪③聞き取りクイズ≫ “Let's Try!2” p.12, 13	≪③聞き取りクイズ≫ Let's Listen
・イラストを見て，一週間の予定を確認する。 ・音声を聞き，何曜日にどのような予定があるか聞き取る。 ・曜日クイズに答える。	○ “Let's Try!2” p.12, 13のイラストを見て，一週間の予定を確認する。 ○音声をよく聞き，曜日クイズの答えを書かせる。 ○再度音声を聞かせ，答えを確認する。
≪④曜日クイズ≫ “Let's Try!2” p.12, 13	≪④曜日クイズ≫ Let's Play
・担任の曜日クイズを聞き，答える。 ・一週間の予定をテキストの表に記入する。 ・曜日クイズを，ペアの相手を変えて，繰り返しする。 A：Today, I play the piano. A：What day is it today? B：It's Thursday. A：That's right! I like Thursday.	○担任が前の活動に倣って曜日クイズを出して，クイズのやり方を確認する。 ○子どもたちに，一週間の予定をテキストの表に記入させる。 ○ペアで相手を変えながら，クイズを繰り返させて曜日の尋ね方や動作を表す言い方に慣れさせる。 ※進んで好きな曜日を尋ねたり答えたりしようとしている。 ＜行動観察＞
Looking back	
5　本時の学習を振り返る。 ○振り返りカードに，会話の楽しさや新しい気づき，友だちのよいところ等を書き，発表する。	○会話の楽しさや新しい気づき等を発表させ，称賛し合わせる。
6　終わりの挨拶をする。 Thank you very much. Goodbye, Mr. (Ms.)～. See you.	○終わりの挨拶をする。 That's all for today. You did a great job ! Goodbye, everyone. See you next time.

I like Mondays.　すきな曜日は何かな？

Unit3　第3時　学習指導案　09

1　単　元　I like Mondays.（３時間）

2　主　題　「好きな曜日を伝え合おう」（３／３）

3　ねらいと評価のポイント

○ "Do you like ～?" "Yes, I do." "No, I don't." の表現を使い，好きな曜日を尋ねたり，答えたりする。（思考・判断・表現）

○好きな曜日を尋ね合う活動を通して，コミュニケーションを楽しんでいる。（態度）

4　準　備　電子黒板，曜日のカード，振り返りカード

5　展　開

子どもの活動	ＨＲＴの支援と評価（※）
Warming up 1　はじめの挨拶をする。 Hello, Mr. (Ms.)～. I'm fine, thank you.　How are you? 2　チャンツ♪ What day is it? ♪をする。 （"Let's Try!2" p.10） 3　今日のめあてを確認する。	○笑顔で気楽な雰囲気をつくり，挨拶をする。 Hello, everyone. How are you today?　I'm fine, thank you. ○音声を聞き，リズムに合わせてチャンツをする。 ○めあてを確認させ，好きな曜日を伝え合おうとする意欲を高めさせる。
めあて　好きな曜日を伝え合おう。	
Main activities 4　ゲスゲーム，聞き取りクイズ，インタビューゲームをする。	○ Main activities の活動を知らせ，活動の見通しをもたせる。
≪①ゲスゲーム≫ ・担任は何曜日が好きか，推測する。 ・指名された子どもは，推測した曜日が好きか聞く。 "Do you like Mondays?" ・担任は "Yes, I do." "No, I don't." "I like Mondays."	≪①ゲスゲーム≫ ○担任は何曜日が好きか，推測させる。 ○指名された子どもに，推測した曜日が好きか担任に聞かせる。 ○インタビューゲームにつながるように楽しい雰囲気で行う。
≪②聞き取りクイズ≫ "Let's Try!2" p.12 ・登場人物が曜日や遊びについてやり取りする様子を視聴し，わかったことを□に記入する。 ・視聴してわかったことを発表し，確認する。	≪②聞き取りクイズ≫ Let's Watch and Think2 ○登場人物が曜日や遊びについてやり取りする様子を視聴し，わかったことを□に記入させる。 ○視聴してわかった内容を出し合い，Activity につなげる。
≪③インタビューゲーム≫ "Let'sTry!2" p.13 ・好きな曜日を尋ね合い，自分と同じ曜日が好きな友だちを探す。 A：Hello. Do you like Mondays? B：Yes, I do. (No, I don't.) I like Mondays.　I like soccer. A：Me too.　Thank you. ・自分と同じ曜日を好きな友だちについて，わかったことなどを発表する。	≪③インタビューゲーム≫ Activity ○好きな曜日を尋ね合い，自分と同じ曜日が好きな友だちを探させる。その際，好きな理由も伝える。また，わかる語句でできるだけ英語で伝えさせる，あるいは日本語で伝えてもよいとする。 ○自分と同じ曜日を好きな友だちについて，わかったことなどを発表させる。 ※進んで好きな曜日を尋ねたり，答えたりしようとしている。 ＜行動観察＞
Looking back 5　本時の学習を振り返る。 ○振り返りカードに，会話の楽しさや新しい気づき，友だちのよいところ等を書き，発表する。 6　終わりの挨拶をする。 Thank you very much. Goodbye, Mr. (Ms.)～.　See you.	○会話の楽しさや新しい気づき等を発表させ，称賛し合わせる。 ○終わりの挨拶をする。 That's all for today.　You did a great job! Goodbye, everyone.　See you next time.

Unit4のポイント

1．単元のねらい

ここでは，時間の言い方や尋ね方，起床や就寝などの子どもたちの生活パターンを簡単な表現で表し，活動を通して慣れ親しませます。高学年では get up や go to bed など，さまざまな表現を学ぶことになりますが，子どもたちの負担感を考慮して，易しい表現にとどめています。時間も，１時，２時など，１時から12時だけを扱い，15分などの言い方までは言及していません。したがって，数字を12まで理解し活用できれば特に問題はありません。ただ，子どもたちの中には，デジタル時計に慣れてアナログ時計を読めない子もいるので，何度も繰り返しながら慣れ親しませることが大切です。

この単元で出てくる主な語彙

forty：40　fifty：50　sixty：60　a.m.：午前　p.m.：午後　about：～について
wake-up：起床　breakfast：朝食　study：勉強（する）　lunch：昼食　snack：スナック
dinner：夕食　homework：宿題　TV：テレビ　bath：風呂　bed：ベッド　dream：夢
time：時間

2．覚えたい英語表現

(1)A：What time is it?
　B：It's 6 a.m. It's "Wake-up Time."
(2)A：It's 5 p.m. How about you, Mai?
　B：It's 10 a.m.

3．言語活動成功のポイント

時間を尋ねる時には，What time is it? と言い，What time is it now? は妙な言い方になります。日本語ではよく「今何時？」と聞く場合がありますが，英語では，時差のあるところにいる人と電話で「今何時ですか？」と尋ねる場合は使いますが，それ以外では now は不自然であることを知っておきたいものです。また，How about you? を発音する場合には，How の w と about の a が音の連結（リエゾン）を起こし，ハーバーチューのように発音します。

ここでは，子どもたちの負担感を考えて，wake-up time などあまり使われない表現を使用していますが，これからの学習も考慮して，I get up. / I have breakfast. / I study～. / I have lunch. / I do my homework. / I have dinner. / I take a bath. / I go to bed. などの表現を使って活動させることも考えたいものです。子どもだからといって，学習内容にあまり利用価値のない表現は極力避けたいものです。一度に定着を図るのではなく，スパイラルに何度も触れて，身につけていくことの方が大切なのです。Wake-up time を何度も使って定着することより，get up を使えるようになった方がずっと生涯に渡って役に立つのです。get up などは，Unit 9で学習することになるので，先取りと考えてもよいでしょう。

What time is it?　今，何時？

Unit4　第1時　学習指導案　10

1 単　元　What time is it?（４時間）

2 主　題「一日の生活の過ごし方を知ろう」（1／４）

3 ねらいと評価のポイント

○時刻や日課の表し方について知る。（知識・技能）

○時刻と一日の日課を聞き取っている。（思考・判断・表現）

4 準　備　電子黒板，日課の絵カード，振り返りカード

5 展　開

子どもの活動	ＨＲＴの支援と評価（※）
Warming up 1　はじめの挨拶をする。 Hello, Mr. (Ms.)～. I'm fine, thank you. How are you? 2　担任の一日の生活を聞く。 3　今日のめあてを確認する。	○笑顔で楽しい雰囲気をつくり，挨拶をする。 Hello, everyone. How are you today? I'm fine, thank you. ○一日の生活をジェスチャーしながら，簡単に紹介する。 ○めあてを確認して，一日の生活の過ごし方を知ろうとする意欲を高めさせる。
めあて　一日の生活の過ごし方を知ろう。	
Main activities 4　チャンツ，ポインティングゲーム，Teacher's Talk，聞き取りクイズをする。	○ Main activities の活動を知らせ，活動の見通しをもたせる。
≪①チャンツ♪ What time is it? ♪≫ “Let's Try!2” p.14, 15 ・音声を聞きながら，p.14, 15の絵にタッチする。 ・音声を聞き，聞こえた内容を発表する。 ・リズムに合わせてチャンツをする。	≪①チャンツ≫ Let's Chant ○数回音声を聞かせる。 ○聞こえた内容を確認する。 ○子どもと一緒にチャンツをする。
≪②ポインティングゲーム≫“Let's Try!2” p.14, 15 ・担任が発音した日課の絵を指さす。 ・ペアでも行う。	≪②ポインティングゲーム≫ ○日課の言い方を確認する。 ○慣れてきたら，時刻の尋ね方や答え方も聞かせる。 ○ペアでも行わせる。 ※早く指した方に，ポイントが入るようにしてもよい。
≪③ Teacher's Talk ≫ ・担任の一日の生活について推測しながら聞く。 ・聞き取った内容を発表する。	≪③ Teacher's Talk ≫ ・担任の一日の生活を紹介する。 ・聞き取れた日課の絵カードを貼って確認する。
≪④聞き取りクイズ≫“Let's Try!2” p.14, 15 ・デジタル教材の視聴をし，時刻と日課を線で結ぶ。 ・それぞれの時刻と日課を発表する。	≪④聞き取りクイズ≫ Let's Watch and Think1 ○視聴させて，p.14, 15の図に線で結ばせて確認する。 ※登場人物の日課と時刻を聞き取って線で結び，図を完成させている。＜行動観察，“Let's Try!2”の点検＞
Looking back 5　本時の学習を振り返る。 ○振り返りカードに，自分が進んで学習したことや友だちのよいところなどを書き，発表する。	○会話の楽しさや新しい気づき等を発表させ，称賛し合わせる。
6　終わりの挨拶をする。 ○次時活動の予告を聞く。 Thank you very much. Goodbye, Mr. (Ms.)～. See you.	○終わりの挨拶をする。 That's all for today. You did a great job! Goodbye, everyone. See you next time.

Unit4　第2時　学習指導案

1 単　元　What time is it?（４時間）

2 主　題　「時刻や日課を尋ねたり答えたりしよう」(2／4)

3 ねらいと評価のポイント

〇時刻や日課について，聞いたり言ったりする。　（思考・判断・表現）

〇日本と外国の時刻の違いについて理解している。　（知識・技能）

4 準　備　電子黒板，日課の絵カード，振り返りカード

5 展　開

子どもの活動	ＨＲＴの支援と評価（※）
Warming up	
1　はじめの挨拶をする。 Hello, Mr. (Ms.)～. I'm fine, thank you.　How are you?	〇笑顔で楽しい雰囲気をつくり，挨拶をする。 Hello, everyone. How are you today?　I'm fine, thank you.
2　チャンツ♪ What time is it? ♪をする。 （"Let's Try!2" p.14, 15）	〇リズムに合わせて，ジェスチャーをしながら子どもと一緒にチャンツをする。
3　今日のめあてを確認する。	〇めあてを確認して，時刻や日課を尋ねたり答えたりしようとする意欲を高めさせる。
めあて　時刻や日課を尋ねたり答えたりしよう。	
Main activities	
4　ミッシングゲーム，ジェスチャーゲーム，何をしているのかな，聞き取りクイズをする。	〇 Main activities の活動を知らせ，活動の見通しをもたせる。
≪①ミッシングゲーム≫	≪①ミッシングゲーム≫
・黒板に貼られた日課の絵カードのうち，目をつぶっている間に隠された絵カードが何かを考える。 担任：What's missing? 子ども：It's～.	〇子どもたちに目をつぶらせ，絵カードを隠す。子どもたちに隠したカードを当てさせる。 〇慣れてきたら，隠すカードを増やす。
≪②ジェスチャーゲーム≫	≪②ジェスチャーゲーム≫
・日課を表す動作を見て答える。 It's "Lunch Time." It's "Homework Time." It's "Bed Time."　など	〇担任が日課を表すジェスチャーをする。 〇慣れてきたら，子どもがジェスチャーをしてもよい。
≪③何をしているのかな≫ "Let's Try!2" p.16	≪③何をしているのかな≫ Let's Watch and Think2
・時刻を聞き取り，時計を完成させる。 ・実際の時刻を答える。	〇音声を聞かせて，時刻を聞き取らせる。 〇時刻を確認する。 〇教室の時計を見せ，実際の時刻を言わせる。
≪④聞き取りクイズ≫ "Let's Try!2" p.16, 17	≪④聞き取りクイズ≫ Let's Listen
・音声を聞き，時刻を聞き取り，時計を完成させる。 ・日課と時計を線で結ぶ。 ・気づいたことを発表する。	〇音声を聞かせて，時刻や日課を聞き取らせる。 〇再度音声を聞かせて，線で結ばせて確認する。 〇気づいたことを発表させる。 ※日本と外国の時刻の違いに気づきながら，発表している。 <行動観察>
Looking back	
5　本時の学習を振り返る。 〇振り返りカードに，自分が進んで学習したことや友だちのよいところなどを書き，発表する。	〇会話の楽しさや新しい気づき等を発表させ，称賛し合わせる。
6　終わりの挨拶をする。 〇次時活動の予告を聞く。 Thank you very much. Goodbye, Mr. (Ms.)～.　See you.	〇終わりの挨拶をする。 That's all for today. You did a great job! Goodbye, everyone.　See you next time.

What time is it?　今，何時？

Unit4　第3時　学習指導案　12

1 単　元　What time is it?（４時間）

2 主　題　「好きな時刻を伝え合おう」（３／４）

3 ねらいと評価のポイント

○時刻や日課について，聞いたり言ったりする。　（思考・判断・表現）

○好きな時刻に理由もつけて紹介している。　（思考・判断・表現）

4 準　備　電子黒板，好きな時間絵カード，振り返りカード

5 展　開

子どもの活動	ＨＲＴの支援と評価（※）
Warming up	
1　はじめの挨拶をする。 Hello, Mr. (Ms.) ～. I'm fine, thank you.　How are you?	○笑顔で楽しい雰囲気をつくり，挨拶をする。 Hello, everyone. How are you today?　I'm fine, thank you.
2　チャンツ♪ What time is it? ♪をする。 （"Let's Try!2" p.14, 15）	○リズムに合わせて，ジェスチャーをしながら子どもと一緒にチャンツをする。
3　今日のめあてを確認する。	○めあてを確認して，好きな時刻を伝え合おうとする意欲を高めさせる。
めあて　好きな時刻を伝え合おう。	
Main activities	
4　ドンじゃんけん，Teacher's Talk，好きな時刻は？をする。	○ Main activities の活動を知らせ，活動の見通しをもたせる。
≪①ドンじゃんけん≫ "Let's Try!2" p.14, 15	≪①ドンじゃんけん≫
・ペアになり p14，15を開ける。 ・一人が左上の "Bed Time" から，もう一人は右上の "Dream Time" から順に指さして言いながら交互に進んでいく。 ・お互いぶつかったところでじゃんけんをして，負けた方がスタートに戻る。 ・相手のスタートのイラストに指させば勝ちとなる。	○ドンじゃんけんのやり方の説明をする。 ○１ゲーム３分ぐらいで行うことを伝える。 ○時間がきたら，ペアを変更する。 （しっかり言えるようになったら，同時に言っていく方法でもできる。）
≪② Teacher's Talk ≫	≪② Teacher's Talk ≫
・担任の好きな時刻やその理由などを推測しながら聞く。 ・聞き取った内容を発表する。	・担任の好きな時刻を理由もつけて紹介する。 ・聞き取れた単語を，好きな時間絵カードを貼って確認する。
≪③好きな時刻は？≫ "Let's Try!2" p.17	≪③好きな時刻は？≫ Activity
・自分の好きな時刻とその理由も書いて伝える。 ・友だちの内容を聞き取って，わかったことを表に書く。 A：I like 3 p.m.　　B：Why? A：It's "Snack Time." I like sweets.　など ・友だちから聞き取ったことを発表する。	○自分の好きな時刻とその理由も書き，友だちと交流させる。 ○友だちから聞き取ったことを記入し，発表させる。 ※好きな時刻に理由もつけて，積極的に紹介している。 <行動観察>
Looking back	
5　本時の学習を振り返る。 ○振り返りカードに，自分が進んで学習したことや友だちのよいところなどを書き，発表する。	○会話の楽しさや新しい気づき等を発表させ，称賛し合わせる。
6　終わりの挨拶をする。 ○次時活動の予告を聞く。 Thank you very much. Goodbye, Mr. (Ms.) ～.　See you.	○終わりの挨拶をする。 That's all for today. You did a great job! Goodbye, everyone.　See you next time.

Unit4　第4時　学習指導案

1 単　元　What time is it?（４時間）

2 主　題　「好きな時刻を紹介しよう」（４／４）

3 ねらいと評価のポイント

○好きな時刻に理由もつけて紹介する。　(思考・判断・表現)

○友だちの自己紹介に，興味をもって聞こうとする。　(態度)

4 準　備　電子黒板，振り返りカード

5 展　開

子どもの活動	ＨＲＴの支援と評価（※）
Warming up 1　はじめの挨拶をする。 Hello, Mr. (Ms.)～. I'm fine, thank you. How are you?	○笑顔で楽しい雰囲気をつくり，挨拶をする。 Hello, everyone. How are you today? I'm fine, thank you.
2　チャンツ♪ What time is it? ♪をする。 (“Let's Try!2” p.14, 15)	○リズムに合わせて，ジェスチャーをしながら子どもと一緒にチャンツをする。
3　今日のめあてを確認する。	○めあてを確認して，好きな時刻を紹介しようとする意欲を高めさせる。
めあて　好きな時刻を紹介しよう。	
Main activities 4　紹介の練習をしよう，好きな時刻を紹介しよう，Who am I? クイズをする。	○ Main activities の活動を知らせ，活動の見通しをもたせる。
≪①紹介の練習をしよう≫ ・ペアで練習をする。 ・話し手は，聞き手の方を見て話す。 ・聞き手はアイコンタクトや相づちを意識する。 ・聞き終わったら，よかったところなどのアドバイスをする。	≪①紹介の練習をしよう≫ ○ペアで練習をして慣れさせる。 ○よかったところなどのアドバイスを伝え合わせる。
≪②好きな時刻を紹介しよう≫ ・好きな時刻とその理由も紹介する。 ・聞き取った内容や感想を発表する。	≪②好きな時刻を紹介しよう≫ ○聞き手は，“Nice” や “Good job” などのコメントを言わせる。 ○感想を発表させる。 ○内容の確認をする。 ※聞き手を意識しながら，好きな時刻を発表したり，興味をもって聞いたりしている。　<行動観察>
≪③ Who am I? クイズ≫ ・前時の学習で，友だちから聞き取った内容を発表する。 ・誰のことなのか，予想して答える。	≪③ Who am I? クイズ≫ ○前回の「好きな時刻は？」の学習の復習をし，聞き取った内容を発表させる。 ○誰のことなのか，発表させる。 ○誰のことなのか，確認する。
Looking back 5　本時の学習を振り返る。 ○振り返りカードに，自分が進んで学習したことや友だちのよいところなどを書き，発表する。	○会話の楽しさや新しい気づき等を発表させ，称賛し合わせる。
6　終わりの挨拶をする。 ○次時活動の予告を聞く。 Thank you very much. Goodbye, Mr. (Ms.)～. See you.	○終わりの挨拶をする。 That's all for today. You did a great job! Goodbye, everyone. See you next time.

Do you have a pen?　おすすめの文房具セットをつくろう

Unit5のポイント

1．単元のねらい

ここでは，身の回りにある文房具などの語彙を使って，それらを持っているかどうかを尋ねたり答えたりします。また，自分の持ち物について友だちに伝えたり，発表したりして交流します。対象となる語彙は毎日使うもので，しかも，目の前にあるものなので，子どもたちは抵抗なく，楽しく交流することになるでしょう。ただし，文房具やさまざまなものを誰よりもたくさん持っていることが自慢になるような状況になることだけは避けたいものです。

この単元で出てくる主な語彙

have：持つ，持っている　glue stick：スティック糊　scissors：はさみ　pen：ペン

stapler：ホチキス　magnet：磁石　marker：マーカー

pencil sharpener：鉛筆削り器　pencil case：筆箱　desk：机　chair：椅子

clock：時計　calendar：カレンダー　short：短い

2．覚えたい英語表現

(1)A：Do you have a pen?

B：Yes, I do. / No, I don't.

(2)I have a pen.

(3)I don't have a pen.

3．言語活動成功のポイント

子どもたちが普段使用している文房具の中で，glue，scissors，stapler，pencil sharpener などは耳慣れないかもしれません。しかし，これらはチャンツや繰り返し発話することで，他の種類の単語よりも音声とイメージとがつながりやすく，抵抗なく使えるようになるでしょう。

また，Do you have~? は非常に便利な表現なので，普段から使う習慣をもたせたいものです。ここでは，「～を持っていますか」の意味として用いられていますが，本来，尋ねる側からすると以下のような意味が込められているものです。

A：Do you have an eraser?

B：Yes, I do.　Here you are.

A：Thank you.

つまり，Do you have an eraser? の中に，Can I borrow your eraser?　Could you lend me your eraser? の意味が含まれています。このような言葉に込める言語下の意向は，日本では政治的には「忖度」などと呼ばれます。

コミュニケーション活動を行う場合には，「～ごっこ遊び」にならないように，可能な限り実際のものを使ってやり取りを行わせる方がリアル感が出て，子どもたちも本気度を増すものです。バナナの描かれたカードより，本物のバナナを使ってやり取りさせる方が効果的ということです。

Unit5　第1時　学習指導案

1 単　元　Do you have a pen?（４時間）

2 主　題「文房具など学校で使うものの言い方について知ろう」（1／4）

3 ねらいと評価のポイント

○文房具などの言い方やいくつ持っているかという表現に慣れ親しむ。（知識・技能）

○文房具など学校で使うものについて聞いたり言ったりしようとしている。（態度）

4 準　備　電子黒板，文房具の絵カード，振り返りカード

5 展　開

子どもの活動	ＨＲＴの支援と評価（※）
Warming up 1　はじめの挨拶をする。 Hello, Mr. (Ms.) ～. I'm fine, thank you. How are you? 2　担任の持ち物（文房具など）紹介を聞く。 3　今日のめあてを確認する。	○笑顔で気楽な雰囲気をつくり，挨拶をする。 Hello, everyone. How are you today? I'm fine, thank you. ○簡単な英語を使って，持ち物紹介をする。 This is my bag. I have a pen, a notebook, and some markers. ○めあてを確認させ，文房具など学校で使うものの言い方について知ろうとする意欲を高めさせる。
めあて　文房具など学校で使うものの言い方について知ろう。	
Main activities 4　何がいくつあるかな，キーワードゲーム，ミッシングゲーム，チャンツをする。	○ Main activitiesの活動を知らせ，活動の見通しをもたせる。
≪①何がいくつあるかな≫ “Let's Try!2” p.18, 19 ・映像を見て，何がいくつあるか，聞き取ったことを発表する。 ・文房具などの学校で使うものの言い方を知り，練習する。 ・いくつあるか，文房具の数を数える。	≪①何がいくつあるかな≫ Let's Watch and Think1 ○文房具をさし示しながら文房具を紹介したり，数えたりする様子を視聴させる。 ○文房具などの学校で使うものの言い方を練習させる。 ○何がいくつあるか数えさせ，いくつ持っているかという表現に慣れさせる。
≪②キーワードゲーム≫ “Let's Try!2” p.18, 19 ・ペアで向かい合い，２人の間に消しゴム等を置く。 ・p.18, 19の絵の中からキーワードを確認する。 ・担任が単語を言った後，発音して２回手をたたく。 ・キーワードが言われたら，繰り返さずに消しゴム等を取る。 ・キーワードを替えてゲームを繰り返す。	≪②キーワードゲーム≫ ○キーワードを１つ選び，その絵カードを黒板に貼る。 ○例えば「pen（担任）pen（子ども）手拍子２回」としていく。 ※進んで単語を発音している。　<行動観察>
≪③ミッシングゲーム≫ ・黒板に貼られた，文房具などの学校で使うものの絵カードを記憶する。 ・目を閉じ，絵カードが隠されるのを待つ。 ・担任の合図で目を開け，なくなっている絵カードを当てる。	≪③ミッシングゲーム≫ ○文房具などの学校で使うものの絵カードを黒板に貼り，記憶させる。 ○目をつぶらせ，絵カードを数枚隠す。 ○隠した（黒板からなくなった）絵カードを当てさせる。 ○慣れてきたら，絵カードの位置を変えて，なくなっているカードがどれかわかりにくくしたり，隠す枚数を増やしたりしてゲームをする。
≪④チャンツ♪ Do you have a pen? ♪≫ “Let's Try!2” p.19 ・音声を聞きながら，チャンツをする。 ・リズムに合わせて，繰り返し練習し，言い方に慣れる。	≪④チャンツ≫　Let's Chant ○音声を聞かせ，リズムに合わせて，チャンツをさせる。 ○繰り返し練習させる。
Looking back 5　本時の学習を振り返る。 ○振り返りカードに，会話の楽しさや新しい気づき，友だちのよいところ等を書き，発表する。 6　終わりの挨拶をする。 Thank you very much. Goodbye, Mr. (Ms.) ～. See you.	 ○会話の楽しさや新しい気づき，友だちや自分のがんばったこと等を発表させ，称賛し合わせる。 ○終わりの挨拶をする。 That's all for today. You did a great job! Goodbye, everyone. See you next time.

Do you have a pen?　おすすめの文房具セットをつくろう

Unit5　第2時　学習指導案　15

1 単　元　Do you have a pen?（４時間）

2 主　題　「文房具を聞いたり言ったりしよう」（２／４）

3 ねらいと評価のポイント

○文房具など学校で使うものや，持ち物について聞き取る。（思考・判断・表現）

○“Do you have ~?” “I have～.” の表現を使いながら，文房具など学校で使うものについて，聞いたり言ったりしようとしている。（態度）

4 準　備　電子黒板，文房具の絵カード，振り返りカード

5 展　開

子どもの活動	ＨＲＴの支援と評価（※）
Warming up 1　はじめの挨拶をする。 Hello, Mr. (Ms.) ～. I'm fine, thank you.　How are you? 2　前時の復習をする。 ○チャンツ♪ Do you have a pen? ♪をする。 3　今日のめあてを確認する。	○笑顔で気楽な雰囲気をつくり，挨拶をする。 Hello, everyone. How are you today?　I'm fine, thank you. ○リズムに合わせて，子どもと一緒にチャンツを行う。 ○めあてを確認させ，文房具を聞いたり言ったりしようとする意欲を高めさせる。
めあて　文房具を聞いたり言ったりしよう。	
Main activities 4　I spy ゲーム，聞き取りクイズ，スリーハートゲーム，マッチングゲームをする。	○ Main activities の活動を知らせ，活動の見通しをもたせる。
≪①I spy ゲーム≫“Let's Try!2” p.18, 19	≪①I spy ゲーム≫ Let's Play 1
・担任のヒントを聞いて，それに該当するものを見つける。 ・p.18，19の中の文房具や教室内にあるものの中から１つ選び，英語で答える。 ・担任が選んだものを言い当てれば，１ポイントもらえる。	○ I spy ゲームの仕方を説明する。 ○ p.18，19の中の文房具や教室内にあるものを１つ選ぶ。 ○ “I spy something with little eye ... something blue.” と，その色や形状のヒントを言い，それに該当するものを見つけさせる。 ○見つけたものを触って，英語で言わせる。
≪②聞き取りクイズ≫“Let's Try!2” p.20	≪②聞き取りクイズ≫ Let's Listen
・担任の質問に，自分の筆箱やその中身を見ながら答える。 ・音声を聞き，誰の筆箱か考えて名前を書く。	○子どもの筆箱やその中身について尋ねる。 What do you have in your pencil case? How many pencils do you have? Let's count. Do you have a red pencil? What color is your pencil case? ○数や色に注意しながら音声を聞かせ，誰の筆箱かを考えて名前を書かせる。 ※文房具について聞き取っている。＜行動観察＞
≪③スリーハートゲーム≫	≪③スリーハートゲーム≫
・ハートのマークの隠れている文房具を推測する。 ・子どもは，“Do you have～?” と担任に尋ねて，ハートを見つけていく。	○子どもに見えないように，３枚の絵カードの後ろにハートマークをそれぞれ書く。 ○子どもに “Do you have～?” と尋ねさせ，担任はカードをめくりながら “Yes, I do. / No, I don't. ” と答える。
≪④マッチングゲーム≫	≪④マッチングゲーム≫
・文房具カードを６種類用意する。 （例：24人学級なら４枚×６種類） ・“Do you have ~?” と尋ね，“Yes, I do. / No, I don't. I have～.” と答え，自分と同じ文房具カードを持っている友だちを探す。 ・同じカードを持っている友だち全員を見つけたら，その場に座る。	○マッチングゲームのやり方のデモストレーションをする。 ○全員が座ったら，何の文房具グループか尋ね，“I have～.” と答えさせる。
Looking back 5　本時の学習を振り返る。 ○振り返りカードに，会話の楽しさや新しい気づき，友だちのよいところ等を書き，発表する。 6　終わりの挨拶をする。 Thank you very much. Goodbye, Mr. (Ms.) ～.　See you.	○会話の楽しさや新しい気づき，友だちや自分のがんばったこと等を発表させ，称賛し合わせる。 ○終わりの挨拶をする。 That's all for today.　You did a great job! Goodbye, everyone.　See you next time.

Do you have a pen?　おすすめの文房具セットをつくろう

Unit5　第3時　学習指導案

16

1　単　元　Do you have a pen?（４時間）

2　主　題　「おすすめの文房具セットを作ろう」（３／４）

3　ねらいと評価のポイント

○文房具など学校で使うものについて，尋ねたり答えたりしている。（思考・判断・表現）

○おすすめの文房具セットを作り，伝え合う活動を通して，友だちと積極的に交流を楽しんでいる。（態度）

4　準　備　電子黒板，文房具の絵カード，振り返りカード

5　展　開

子どもの活動	ＨＲＴの支援と評価（※）
Warming up 1　はじめの挨拶をする。 Hello, Mr. (Ms.)～. I'm fine, thank you. How are you? 2　前時の復習をする。 ○チャンツ♪ Do you have a pen? ♪をする。 3　今日のめあてを確認する。	○笑顔で気楽な雰囲気をつくり，挨拶をする。 Hello, everyone. How are you today? I'm fine, thank you. ○リズムに合わせて，子どもと一緒にチャンツを行う。 ○めあてを確認させ，おすすめの文房具セットを作ろうとする意欲を高めさせる。
めあて　おすすめの文房具セットを作ろう。	
Main activities 4　ステレオゲーム，かばんの中身は何かな，先生の文房具セットを当てよう，文房具セットを作ろうをする。	○ Main activitiesの活動を知らせ，活動の見通しをもたせる。
≪①ステレオゲーム≫ ・指名された数名の子どもは，文房具を選び，覚える。 ・担任の合図で子どもが一斉に "I have～." と言う。 ・他の子どもは，それぞれの子どもが言った文房具を発表する。 ・メンバーを入れ替えて再度行う。	≪①ステレオゲーム≫ ○数名の子どもを指名し，前に並ばせる。 ○カードを選ばせ，その文房具を覚えさせる。 ○合図で "I have～." と一斉に言わせる。 ○他の子どもに，聞こえたものを発表させる。
≪②かばんの中身は何かな≫ "Let's Try!2" p.20 ・映像を見て，世界の子どもたちのかばんの中身について，気づいたことを□に書く。	≪②かばんの中身は何かな≫ Let's Watch and Think2 ○映像を視聴させ，世界の子どもたちのかばんの中身について，自分たちの持ち物と比べて気づいたことを□に書かせる。 ○かばんの中身から，それぞれの国の子どもの学校では，どのような授業や学校生活なのかを考えさせる。
≪③先生の文房具セットを当てよう≫ ・担任の考えた文房具セットの中身を推測する。 ・テキストP.18，19の絵カードに印をしておく。 ・担任に "Do you have～?" と尋ねて文房具セットの中身を当てる。 ・何個当たったか発表する。	≪③先生の文房具セットを当てよう≫ ○事前に文房具セットを（６個程度選び）作っておく。 ○文房具の数を知らせ，中身を推測させる。 ○子どもに "Do you have～?" と尋ねさせ，"Yes, I do. / No, I don't." と答えて，担任の文房具セットを当てさせる。 ○何個当たったか確認する。
≪④文房具セットを作ろう≫ "Let's Try!2" p.21 ・文房具絵カードを切って，絵カードを紙面に並べて，自分の文房具セットを作る。 ・ペアになり，自分の考えた文房具セットは相手に見えないようにして，どのような文房具セットを作ったのかを伝え合う。また，それと同じ文房具セットをお互いに聞いて作る。 ・友だちの文房具セットについて，気づいたことや感想を発表する。	≪④文房具セットを作ろう≫ Let's Play2 ○文房具絵カードを切って紙面に置いて，自分の文房具セットを作らせる。 ○ペアになり，自分の作った文房具セットを相手に伝え，相手に同じ文房具セットを作らせる。 ○ "Do you have～?" と尋ねて同じ文房具セットを作らせるのもよい。 ○友だちの文房具セットについて，気づいたことや感想を発表させる。 ※積極的に文房具セットを作って伝え合っている。<行動観察>
Looking back 5　本時の学習を振り返る。 ○振り返りカードに，会話の楽しさや新しい気づき，友だちのよいところ等を書き，発表する。 6　終わりの挨拶をする。 Thank you very much. Goodbye, Mr. (Ms.)～. See you.	○会話の楽しさや新しい気づき，友だちや自分のがんばったこと等を発表させ，称賛し合わせる。 ○終わりの挨拶をする。 That's all for today. You did a great job! Goodbye, everyone. See you next time.

Do you have a pen?　おすすめの文房具セットをつくろう

17 Unit5　第4時　学習指導案

1 単　元　Do you have a pen?（４時間）

2 主　題「おすすめの文房具セットを友だちにおくろう」（４／４）

3 ねらいと評価のポイント

○誰にどのような文房具セットをおくるとよいか考え，紹介する。（思考・判断・表現）

○相手に配慮しながら，誰にどのような文房具セットを作ったのか友だちに伝えようとしている。（態度）

4 準　備　電子黒板，文房具の絵カード，振り返りカード

5 展　開

子どもの活動	ＨＲＴの支援と評価（※）
Warming up 1　はじめの挨拶をする。 Hello, Mr.（Ms.）～. I'm fine, thank you.　How are you? 2　前時の復習をする。 ○チャンツ♪ Do you have a pen? ♪をする。 3　今日のめあてを確認する。	○笑顔で気楽な雰囲気をつくり，挨拶をする。 Hello, everyone. How are you today?　I'm fine, thank you. ○リズムに合わせて，子どもと一緒にチャンツを行う。 ○めあてを確認させ，おすすめの文房具セットを友だちにおくろうとする意欲を高めさせる。
めあて　おすすめの文房具セットを友だちにおくろう。	
Main activities 4　Teacher's Talk，おすすめの文房具セットを作ろう，おすすめの文房具セットを紹介しようをする。	○ Main activities の活動を知らせ，活動の見通しをもたせる。
≪① Teacher's Talk ≫ ・担任のおすすめの文房具セットを推測しながら聞き，聞き取れた内容を発表する。	≪① Teacher's Talk ≫ ○担任がある人のために作ったおすすめの文房具セットを紹介する。 ○紹介した内容を，絵カードを貼って確認する。 ○どうしてそのようなセットにしたのかも紹介する。 ○次の活動につながるように行う。
≪②おすすめの文房具セットを作ろう≫ “Let's Try!2” p.21 ・友だちのために文房具セットを作ることを知る。 ・理由などを考えながら，誰にどのような文房具セットをおくるとよいか考える。 ・絵カードを用いて友だちにおくるおすすめの文房具セットを作る。	≪②おすすめの文房具セットを作ろう≫ Activity ○誰にどのような文房具セットをおくるとよいかを考えさせる。 ○絵カードを用いて，友だちにおくるおすすめの文房具セットを作らせる。
≪③おすすめの文房具セットを紹介しよう≫ ・誰のためにどのような文房具セットを作ったのかを紹介する。 ・そのセットにした理由も言う。 ・聞いている子どもは，それぞれの理由や特徴などを聞き，感想を伝える。 ・友だちのために作った文房具セットを友だちにおくる。	≪③おすすめの文房具セットを紹介しよう≫ ○誰のためにどのような文房具セットを作ったのかを紹介させる。 ○理由については，日本語でもよいことを伝える。 ○まずはグループで交流させ，その後，全体で交流させる。 ※積極的に，どのようなおすすめの文房具セットを作ったのか友だちに紹介している。＜行動観察＞
Looking back 5　本時の学習を振り返る。 ○振り返りカードに，会話の楽しさや新しい気づき，友だちのよいところ等を書き，発表する。 6　終わりの挨拶をする。 Thank you very much. Goodbye, Mr.（Ms.）～.　See you.	○会話の楽しさや新しい気づき，友だちや自分のがんばったこと等を発表させ，称賛し合わせる。 ○終わりの挨拶をする。 That's all for today.　You did a great job! Goodbye, everyone.　See you next time.

Unit6のポイント

1. 単元のねらい

ここでは，第３学年で取り扱ったアルファベットの大文字に続き，小文字を取り扱います。大文字の定着率が高く，小文字の定着率が低いのは調査等でわかっているので，特に子どもたちが間違いやすいｂとｄや，ｐとｑの形は何度も触れるようにしたいものです。３年生で大文字を取り扱った時と同様，教室にアルファベットの一覧表のポスターなどを貼っておくと効果的です。

この単元で出てくる主な語彙

letter：文字　try：試みる　again：再び　bookstore：書店　juice：ジュース
news：ニュース　school：学校　station：駅　taxi：タクシー　telephone：電話

2. 覚えたい英語表現

(1)Ａ：Look! What's this?
　Ｂ：It's a "M."
　Ａ：No. Try again.
　Ｂ：It's a "N."
　Ａ：That's right.
(2)Ａ：How many letters?
　Ｂ：I have five（letters）.

3. 言語活動成功のポイント

小文字を取り扱う場合には，既習の大文字とともに目から認識させていきたいものです。ABC の歌やチャンツを通して，リズムよく音声に慣れ親しむことも大切です。ただ，フォニックスを取り入れて行う人もいますが，効果は疑わしく，多くが言わせられている感が出てきて，飽きて口パクになり，英語嫌いを誘発する可能性も考えられますので，状況を見極めておく必要があります。

また，文字を取り扱うことから，読み書き障がいをもったディスレクシアの子どもの存在がわかる場合があります。何度書いても一向に書けるようにならない場合には，どこに原因があるのかなど注意するとともに，さまざまな対応を講じる必要が出てきます。

４年生では書くことまでは求められていませんが，アルファベットの大文字をはじめ，小文字も楽しく書かせたいものです。書くことは４技能（聞くこと，読むこと，話すこと，書くこと）の中でも，最も抵抗感を感じるものですが，５年生への橋渡しの意味で，英語のノートを与え，楽しく書かせたいものです。その際，以下のノートがお勧めです。

小学生向け英語ノート（サクラクレパス）〈英習罫　８段と10段〉Ｂ５版　各194円

Unit6　第1時　学習指導案

1 単　元　Alphabet（4時間）

2 主　題　「アルファベットを探そう」（1／4）

3 ねらいと評価のポイント

○身の回りには活字体の文字で表わされているものがあることに気づく。（知識・理解）

○活字体の小文字とその読み方に慣れ親しむ。（知識・技能）

4 準　備　電子黒板，アルファベットカード，おはじき，振り返りカード

5 展　開

子どもの活動	HRTの支援と評価（※）
Warming up	
1　はじめの挨拶をする。 Hello, Mr. (Ms.)～. I'm fine, thank you.　How are you?	○笑顔で気楽な雰囲気をつくり，挨拶をする。 Hello, everyone. How are you today?　I'm fine, thank you.
2　歌♪ ABC Song ♪ チャンツ♪ Alphabet Chant ♪をする。 （“Let's try!2” p.22, 23）	○黒板にアルファベットの文字カードを貼り，子どもと一緒に歌ったり，チャンツをしたりする。
3　今日のめあてを確認する。	○めあてを確認させ，アルファベットを探そうとする意欲を高めさせる。
めあて　アルファベットを探そう。	
Main activities	
4　かるたゲーム，アルファベットを探そう，おはじきゲームをする。	○ Main activities の活動を知らせ，活動の見通しをもたせる。
≪①かるたゲーム≫“Let's Try!2” p.22, 23	≪①かるたゲーム≫
・アルファベットカードをばらばらに机の上に置く。 ・担任が言うアルファベットを取り，文字を読む。 a b c d e f g h i j k l m n o p q r s t u v w x y z	○最初は速く，次にゆっくりとアルファベットを言い，文字を探させる。 ○正解を掲示する。 ○小文字に慣れるまで何度か行う。
≪②アルファベットを探そう≫“Let's Try!2” p.22, 23	≪②アルファベットを探そう≫ Let's Watch and Think／Let's Play1
・紙面にある街のイラストからアルファベットを探す。 ・看板や標示の単語のアルファベットを発表する。	○大文字や小文字があることや活字体ではないもの（筆記体など）があることを知らせる。 ○アルファベットの文字が読めればよい。 ※たくさんのアルファベットを探そうとしている。＜行動観察＞
≪③おはじきゲーム≫“Let's Try!2” p.22, 23	≪③おはじきゲーム≫ Let's Play2
・小文字の上におはじきを置く。 ・担任が言うアルファベットの上にあるおはじきを取る。	○テンポよくアルファベットを言う。 ○言ったアルファベットを前に貼っていく。
Looking back	
5　本時の学習を振り返る。 ○振り返りカードに，会話の楽しさや新しい気づき，友だちのよいところ等を書き，発表する。	○会話の楽しさや新しい気づき等を発表させ，称賛し合わせる。
6　終わりの挨拶をする。 Thank you very much. Goodbye, Mr. (Ms.)～.　See you.	○終わりの挨拶をする。 That' all for today. You did a great job! Goodbye, everyone.　See you next time.

Alphabet　アルファベットで文字遊びをしよう

Unit6　第2時　学習指導案

1 単　元　Alphabet（４時間）

2 主　題　「アルファベットクイズをしよう」①（２／４）

3 ねらいと評価のポイント

○活字体の小文字とその読み方に慣れ親しむ。　(知識・技能)

○身の回りにあるアルファベットの文字クイズを出したり，答えたりする。　(思考・判断・表現)

4 準　備　電子黒板，アルファベットカード，振り返りカード

5 展　開

子どもの活動	ＨＲＴの支援と評価（※）
Warming up 1　はじめの挨拶をする。 Hello, Mr. (Ms.)～. I'm fine, thank you. How are you? 2　歌♪ ABC Song ♪ チャンツ♪ Alphabet Chant ♪をする。 (“Let's try!2” p.22, 23) 3　今日のめあてを確認する。	○笑顔で気楽な雰囲気をつくり，挨拶をする。 Hello, everyone. How are you today? I'm fine, thank you. ○黒板にアルファベットの文字カードを貼り，子どもと一緒に歌ったり，チャンツをしたりする。 ○めあてを確認させ，アルファベットクイズをしようとする意欲を高めさせる。
めあて　アルファベットクイズをしよう。①	
Main activities 4　どの看板か標示か聞き取ろう，アルファベットクイズをしよう，アルファベットクイズをする。	○ Main activitiesの活動を知らせ，活動の見通しをもたせる。
≪①どの看板か標示か聞き取ろう≫ “Let's Try!2” p.24 ・デジタル教材を視聴し，問題に答える。	≪①どの看板か標示か聞き取ろう≫ Let's Listen ○始める前に読み方を確認する。 ○必要に応じて，何度か聞かせる。
≪②アルファベットクイズをしよう≫ “Let's Try!2” p.25 ・好きな看板や標示を選び，ペアでクイズを行う。 Do you have～?　Yes, I do. /No, I don't.	≪②アルファベットクイズをしよう≫ Activity1 ○担任が一度行い，尋ね方を練習させる。 ○ペアを変えたり，p.22，23の絵の中から選んだりさせてもよい。 ※アルファベットクイズを楽しんでいる。　＜行動観察＞
≪③アルファベットクイズ≫ “Let's Try!2” p.22, 23 ・p.22，23の中から好きな看板や標示を選ぶ。 ・アルファベットカードを渡す役ともらう役とに分かれる。 ・アルファベットのカードを渡す役の友だちから必要なカードを集める。 Hello.　　Hello. What letter do you want?　　I want “a,” please. Here you are.　　Thank you. You're welcome.　　Goodbye. Goodbye. ・集めたカードを台紙に貼る。 ・３つのヒントを考え，クイズを出し合う。 I have 6 letters. I have 2 “o” s. I have a “s”.　　It's “school”. That's right.	≪③アルファベットクイズ≫ ○ p.22，23の中から好きな看板や標示を選ばせる。 ○カードを渡す役ともらう役とに分け，使われているアルファベットのカードを集めて台紙に貼らせる。 ○１回に１枚だけもらえるようにし，たくさんの友だちからもらうようにする。 ○交替して，全員が答えの貼った台紙を持っているようにする。 ○台紙ができたら，クイズをさせる。 ○ヒントを考えるのが難しい子どもには，アドバイスを行う。
Looking back 5　本時の学習を振り返る。 ○振り返りカードに，会話の楽しさや新しい気づき，友だちのよいところ等を書き，発表する。 6　終わりの挨拶をする。 Thank you very much. Goodbye, Mr. (Ms.)～. See you.	○会話の楽しさや新しい気づき等を発表させ，称賛し合わせる。 ○終わりの挨拶をする。 That's all for today. You did a great job! Goodbye, everyone. See you next time.

Alphabet　アルファベットで文字遊びをしよう

Unit6　第3時　学習指導案　20

1 単　元　Alphabet（４時間）

2 主　題　「アルファベットクイズをしよう」②（３／４）

3 ねらいと評価のポイント

○活字体の小文字とその読み方に慣れ親しむ。（知識・技能）

○身の回りにあるアルファベットの文字クイズを出したり，答えたりする。（思考・判断・表現）

4 準　備　電子黒板，アルファベットカード，振り返りカード

5 展　開

子どもの活動	ＨＲＴの支援と評価（※）
Warming up	
1　はじめの挨拶をする。 Hello, Mr. (Ms.)～. I'm fine, thank you.　How are you?	○笑顔で気楽な雰囲気をつくり，挨拶をする。 Hello, everyone. How are you today?　I'm fine, thank you.
2　歌♪ ABC Song ♪ チャンツ♪ Alphabet Chant ♪をする。 （"Let's try!2" p.22, 23）	○黒板にアルファベットの文字カードを貼り，子どもと一緒に歌ったり，チャンツをしたりする。
3　今日のめあてを確認する。	○めあてを確認させ，アルファベットクイズをしようとする意欲を高めさせる。
めあて　アルファベットクイズをしよう。②	
Main activities	
4　好きな色を当てよう，アルファベットクイズをする。	○ Main activities の活動を知らせ，活動の見通しをもたせる。
≪①好きな色を当てよう≫ "Let's Try!2" p.25 ・好きな色を選び，ペアで尋ね合って，色を当てる。 What's my favorite color?　Do you have a "□"? Yes I do./No I don't.　I got it. "～" That's right.　I like～.	≪①好きな色を当てよう≫ Activity2 ○担任が見本を見せる。（問題を出す方と出される方の両方見せる。） ○ペアで行わせる。
≪②アルファベットクイズ≫ "Let's Try!2" p.18, 19 ・ペアで行う。 ・p.18，19（Unit５の文房具）の中から好きなものを選ぶ。 ・ヒントを考え，クイズを出し合う。 I have 8 letters. I have 3 "o" s. I have a "n". ・アルファベットカードを並べて答える。 "notebook" That's right. ・ペアを代えて行う。	≪②アルファベットクイズ≫ ○ p.18，19（Unit５の文房具）の中から好きなものを選ばせる。 ○ヒントはいくつとは決めず，わかったら答えるようにする。 ○ヒントを考えるのが難しい子どもには，アドバイスをする。 ○アルファベットカードを並べて答えさせる。 ○カードが足りない時のために，教室の前に予備を置いておく。 ※アルファベットクイズを出したり答えたりしている。 <行動観察>
Looking back	
5　本時の学習を振り返る。 ○振り返りカードに，会話の楽しさや新しい気づき，友だちのよいところ等を書き，発表する。	○会話の楽しさや新しい気づき等を発表させ，称賛し合わせる。
6　終わりの挨拶をする。 Thank you very much. Goodbye, Mr. (Ms.)～.　See you.	○終わりの挨拶をする。 That's all for today. You did a great job! Goodbye, everyone.　See you next time.

Alphabet　アルファベットで文字遊びをしよう

Unit6　第4時　学習指導案　21

1 単　元　Alphabet（4時間）

2 主　題　「アルファベット文字辞典を作ろう」（4／4）

3 ねらいと評価のポイント

○身の回りにあるアルファベット文字による標示を読む。　（思考・判断・表現）

○アルファベット文字辞典を作り，紹介し合う。　（思考・判断・表現）

4 準　備　電子黒板，身の回りにあるアルファベット文字による標示があるもの，振り返りカード

5 展　開

子どもの活動	ＨＲＴの支援と評価（※）
Warming up 1　はじめの挨拶をする。 Hello, Mr. (Ms.)～. I'm fine, thank you. How are you? 2　歌♪ ABC Song ♪ チャンツ♪ Alphabet Chant ♪をする。 （“Let's try!2” p.22, 23） 3　今日のめあてを確認する。	○笑顔で気楽な雰囲気をつくり，挨拶をする。 Hello, everyone. How are you today? I'm fine, thank you. ○黒板にアルファベットの文字カードを貼り，子どもと一緒に歌ったり，チャンツをしたりする。 ○めあてを確認させ，アルファベット文字辞典を作ろうとする意欲を高めさせる。
めあて　アルファベット文字辞典を作ろう。	
Main activities 4　キーワードゲーム，ミッシングゲーム，アルファベット文字辞典作りをする。	○ Main activitiesの活動を知らせ，活動の見通しをもたせる。
≪①キーワードゲーム≫	≪①キーワードゲーム≫
・ペアになって向かい合い，２人の間に消しゴム等を置く。 ・担任が単語を言った後，発音して，２回手をたたく。 ・キーワードが言われたら，繰り返さずに消しゴム等を取る。	○キーワードを１つ選び，その文字カードを黒板に貼る。 ○例えば「ａ」の時は，「ａ（担任）ａ（子ども）手拍子２回」としていく。
≪②ミッシングゲーム≫	≪②ミッシングゲーム≫
・黒板に貼ってあるカードを記憶する。 ・目を閉じる。（担任が“a” カードを隠す。） ・目を開ける。（担任が “What card is missing?” と尋ねる。） ・担任が隠した絵カードを発表する。It's “a.” ・慣れたら，先生役をしてみる。	○ミッシングゲームの説明を行う。 ○黒板にアルファベットカードを貼る。 ○子どもにカードを覚えさせた後に目を閉じさせ，１枚だけカードを隠す。 ○担任が隠したカードを当てさせる。 ○黒板に貼る絵カードや隠す絵カード数を増やしたり，黒板に貼った絵カードの順番を変えたりして，何度か行う。
≪③アルファベット文字辞典作り≫	≪③アルファベット文字辞典作り≫
・グループで事前に見つけておいた身の回りのアルファベットを発表し合う。 ・グループで手分けをして見つけたアルファベットの辞典を作る。 ・グループごとにアルファベット辞典を紹介する。	○事前に身の回りのものからアルファベット標示のものを見つけておくように指示しておく。 ○グループごとにアルファベット辞典作りをするように手順を説明する（アルファベット順，表記ごとに分けるなど）。 ○グループごとに自分たちが作った辞典を発表させる。 ※アルファベット文字辞典作りを楽しんでいる。　＜行動観察＞
Looking back 5　本時の学習を振り返る。 ○振り返りカードに，会話の楽しさや新しい気づき，友だちのよいところ等を書き，発表する。 6　終わりの挨拶をする。 Thank you very much. Goodbye, Mr. (Ms.)～. See you.	○会話の楽しさや新しい気づき等を発表させ，称賛し合わせる。 ○終わりの挨拶をする。 That's all for today. You did a great job! Goodbye, everyone. See you next time.

What do you want?　ほしいものは何かな？

Unit7のポイント

1. 単元のねらい

ここでは，食べ物について扱い，自分の好きなメニューやオリジナルパフェを作ったりしながら友だちと交流します。この単元は，元々は外国語活動が導入された平成23年当時に使用していた「英語ノート」をもとに構成されています。もし，学校にその当時の「英語ノート」や指導書，電子黒板用ソフトがある場合には，オリジナルパフェなどの楽しく学べる教材が目白押しなので，使用することをおすすめします。また，さまざまな教材教具があれば，買い物の場面でのやり取りに発展させることも可能です。

この単元で出てくる主な語彙

vegetable：野菜　potato：ポテト　cabbage：キャベツ　corn：とうもろこし
cherry：さくらんぼ　sausage：ソーセージ

2. 覚えたい英語表現

(1)A：What do you want?
B：I want cherries, please.
A：How many (cherries)?
B：(Five), please.
A：Here you are.
B：Thank you.

3. 言語活動成功のポイント

テキストには，八百屋と果物屋の店頭のイラストが描かれ，多くの野菜や果物が陳列されています。多くが既習の単語ですが，再度，これらの言い方にチャンツなどを通して慣れ親しませたいものです。ただ，関心の度合いが低い場合には，他の果物や野菜名を加えるなどして興味を引かせることも可能です。ナスやレタス，ブロッコリーやカリフラワー，スターフルーツやアボガド，柿や梨など，子どもたちが普段目にするものから，珍しいものまでを提示したり，子どもたちに調べさせたりしても楽しい活動になることでしょう。

子どもたちを店の人とお客さんに分かれさせて，絵カードなどを用いて売り買いをさせ，集めたカードをもとに，サラダやフルーツ盛りなどを作らせ，発表させるのも楽しいものです。

また，給食の献立から，食材の英語名を言わせたり，知っている食材の数を競い合わせたりします。つまり，周りにあるものを教材として活用することを考えます。これらは子どもたちがイメージしやすく，英語とイメージがつながり，使用することが容易になります。

オリジナルピザを作る際には，さまざまなデリバリーのピザ屋の広告や，インターネット等で情報を収集（近隣にピザ屋がない場合）して，子どもたちにイメージをもたさせたり，それらを使って英語で説明させたり，さまざまな活用方法を創作して楽しませたいものです。

What do you want?　ほしいものは何かな？

Unit7　第1時　学習指導案　22

1 単　元　What do you want?（５時間）

2 主　題　「欲しいものを尋ねる言い方を知ろう」（１／５）

3 ねらいと評価のポイント

○世界の市場と日本の市場を比べ，違いに気づこうとしている。（態度）

○“What do you want?” の表現を使って欲しいものを尋ねる言い方を知る。（知識・技能）

4 準　備　電子黒板，日本の市場の写真，野菜カード（掲示用・児童用），振り返りカード

5 展　開

子どもの活動	ＨＲＴの支援と評価（※）
Warming up	
1　はじめの挨拶をする。 Hello, Mr.（Ms.）～. I'm fine, thank you.　How are you?	○笑顔で気楽な雰囲気をつくり，挨拶をする。 Hello, everyone. How are you today?　I'm fine, thank you.
2　今日のめあてを確認する。	○めあてを確認させ，欲しいものを尋ねる言い方を知ろうとする意欲を高めさせる。
めあて　欲しいものを尋ねる言い方を知ろう。	
Main activities	
3　世界の市場を見てみよう，チャンツ，カルタゲームをする。	○ Main activities の活動を知らせ，活動の見通しをもたせる。
≪①世界の市場を見てみよう≫ “Let's Try!2” p.26, 27	≪①世界の市場を見てみよう≫ Let's Watch and Think
・デジタル教材を視聴し，世界の市場と日本の市場を比べる。 ・気づいたことを発表し合う。	○デジタル教材を視聴させる。日本の市場の絵を見せて，比べさせてもよい。 ○気づいたことを発表させる。
≪②チャンツ♪ What do you want? ♪≫ “Let's Try!2” p.27	≪②チャンツ≫ Let's Chant
・“What do you want?” の音声を聞き，言い方を練習する。	○野菜カードを黒板に貼る。カードには，英語でも表記し文字に親しませる。 ○音声を聞かせ，聞こえた通りに発音させる。 ○間違えてもよいので，しっかり声を出すよう声をかける。
≪③カルタゲーム≫	≪③カルタゲーム≫
・グループで１セットの野菜カード（児童用）を用意する。 ・声をそろえて “What do you want?” と教師に尋ねる。教師は “I want～, please.” で答え，そのカードを取る。	○ルールを説明し，“What do you want?” “I want～, please.” の言い方を練習させる。 ○グループをつくらせ，野菜カード（児童用）を並べさせる。 ※欲しいものを尋ねる言い方を知ろうとしている。 ＜行動観察，振り返りカード＞
Looking back	
4　本時の学習を振り返る。 ○振り返りカードに，会話の楽しさや新しい気づき，友だちのよいところ等を書き，発表する。	○会話の楽しさや新しい気づき等を発表させ，称賛し合わせる。
5　終わりの挨拶をする。 Thank you very much. Goodbye, Mr.（Ms.）～.　See you.	○終わりの挨拶をする。 That's all for today.　You did a great job! Goodbye, everyone.　See you next time.

What do you want?　ほしいものは何かな？

Unit7　第2時　学習指導案　23

1 単　元　What do you want?（５時間）

2 主　題　「買い物を楽しもう」（２／５）

3 ねらいと評価のポイント

○積極的に買い物を楽しもうとしている。　（態度）

○“What do you want?” の表現を使って，買い物をしている。　（思考・判断・表現）

4 準　備　電子黒板，日本の市場の写真，野菜カード（掲示用・児童用），おつかいカード，くじ引きの箱，絵や会話文（掲示用），振り返りカード

5 展　開

子どもの活動	ＨＲＴの支援と評価（※）
Warming up 1　はじめの挨拶をする。 Hello, Mr. (Ms.)～. I'm fine, thank you. How are you? 2　今日のめあてを確認する。	○笑顔で気楽な雰囲気をつくり，挨拶をする。 Hello, everyone. How are you today? I'm fine, thank you. ○めあてを確認させ，買い物を楽しもうとする意欲を高めさせる。
めあて　買い物を楽しもう。	
Main activities 3　チャンツ，カルタゲーム，お買い物ゲームをする。	○ Main activities の活動を知らせ，活動の見通しをもたせる。
≪①チャンツ♪ What do you want? ♪≫ “Let's Try!2” p.27 ・“What do you want?” の音声を聞き，言い方を練習する。	≪①チャンツ≫ Let's Chant ○野菜カードを黒板に貼る。カードには，英語でも表記し，文字に親しませる。 ○音声を聞かせ，聞こえた通りに発音させる。 ○しっかり声を出すよう声をかける。
≪②カルタゲーム≫ ・グループで１セットの野菜カード（児童用）を用意する。 ・グループ全員で “What do you want?” と尋ねる。グループのうちの１人が “I want～, please.” と答え，そのカードを取る。答える子どもは順に代わる。	≪②カルタゲーム≫ ○ルールを説明し，“What do you want?” “I want～, please.” の言い方を練習させる。 ○グループをつくらせ，野菜カード（児童用）を並べさせる。
≪③お買い物ゲーム≫ ・野菜カード（児童用）を使って，お買い物ゲームをする。 ・お店役とお客さん役に分かれる。 ・お客さん役は，おつかいカードを引き，その品をお店で買う。 お店役：What do you want? お客さん役：I want～, please. お店役：How many? お客さん役：Two～, please. お店役：Here you are. 両方：Thank you. Goodbye.	≪③お買い物ゲーム≫ ・デモンストレーションをし，ゲームの説明をする。 ・お店で話す表現の練習をさせる。その際，絵や会話文を掲示し，文字に触れさせてもよい。 ・おつかいカードに，絵と単語で “two apples” など買うものをかき，事前に複数枚用意する。そのカードをくじ引きの箱に入れ，児童が引けるようにしておく。 ※積極的にコミュニケーションを図り，欲しいものを尋ねる言い方を使おうとしている。　<行動観察，振り返りカード>
Looking back 4　本時の学習を振り返る。 ○振り返りカードに，会話の楽しさや新しい気づき，友だちのよいところ等を書き，発表する。 5　終わりの挨拶をする。 Thank you very much. Goodbye, Mr. (Ms.)～. See you.	○会話の楽しさや新しい気づき等を発表させ，称賛し合わせる。 ○終わりの挨拶をする。 That's all for today. You did a great job! Goodbye, everyone. See you next time.

What do you want?　ほしいものは何かな？

Unit7　第3時　学習指導案　24

1 単　元　What do you want?（５時間）

2 主　題　「オリジナルパフェを紹介しよう」（３／５）

3 ねらいと評価のポイント

○会話を楽しみながら，積極的にパフェ作りをしようとしている。（態度）

○オリジナルパフェを紹介している。（思考・判断・表現）

4 準　備　電子黒板，果物カード（掲示用・児童用），器シート，絵や会話文（掲示用），振り返りカード

5 展　開

子どもの活動	HRTの支援と評価（※）
Warming up 1　はじめの挨拶をする。 Hello, Mr. (Ms.)～. I'm fine, thank you. How are you? 2　今日のめあてを確認する。	○笑顔で気楽な雰囲気をつくり，挨拶をする。 Hello, everyone. How are you today? I'm fine, thank you. ○めあてを確認させ，オリジナルパフェを紹介しようとする意欲を高めさせる。
めあて　オリジナルパフェを紹介しよう。	
Main activities 3　チャンツ，どんなパフェが好きですか？，オリジナルパフェを作ろうをする。	○ Main activitiesの活動を知らせ，活動の見通しをもたせる。
≪①チャンツ♪ What do you want? ♪≫ "Let's Try!2" p.27 ・"What do you want?" の音声を聞き，言い方を練習する。	≪①チャンツ≫ Let's Chant ○果物カードを黒板に貼る。カードには，英語でも表記して文字に親しませる。 ○児童が選んだ果物に替えて行う。 ○しっかり声を出すよう声をかける。
≪②どんなパフェが好きですか？≫ "Let's Try!2" p.28 ・３人の話を聞き，紙面のパフェの中からそれぞれのパフェを選んで線で結ぶ。 ・聞き取れたことを伝え合う。	≪②どんなパフェが好きですか？≫ Let's Listen1 ○３人の話を聞かせ，紙面のパフェの中からそれぞれのパフェを選んで線で結ばせる。 ○聞き取れたことを伝え合わせる。 ○紙面のパフェや果物を指し示しながら，"Do you like ～?" "Yes, I do. /No, I don't." で会話させ，既習の表現を思い出させてもよい。
≪③オリジナルパフェを作ろう≫ "Let's Try!2" p.28 ・ペアをつくり，お店役とお客さん役を交互に行う。 ・お客さん役は器シートを持ち，お店役は果物カード（児童用）を持つ。会話を通して自分の欲しい果物を手に入れ，パフェを完成させる。 お店役：What do you want? お客さん役：I want～, please. お店役：OK. How many～? お客さん役：Two～, please. お店役：Two? OK. Here you are. お客さん役：Thank you. ・自分のオリジナルパフェをグループで紹介する。	≪③オリジナルパフェを作ろう≫ Activity1 ○お店で話す表現の練習をさせる。その際，絵や会話文を掲示し，文字に触れさせてもよい。 ○ペアをつくらせ，器シートや果物カードを並べさせる。 ○買い物をして，自分のパフェを完成させる。 ○自分のオリジナルパフェをグループで紹介させる。 ※積極的にコミュニケーションを図り，欲しいものを尋ねる言い方を使おうとしている。　<行動観察，振り返りカード>
Looking back 4　本時の学習を振り返る。 ○振り返りカードに，会話の楽しさや新しい気づき，友だちのよいところ等を書き，発表する。 5　終わりの挨拶をする。 Thank you very much. Goodbye, Mr. (Ms.)～. See you.	○会話の楽しさや新しい気づき等を発表させ，称賛し合わせる。 ○終わりの挨拶をする。 That's all for today. You did a great job! Goodbye, everyone. See you next time.

What do you want?　ほしいものは何かな？　25

Unit7　第4時　学習指導案

1 単　元　What do you want?（5時間）

2 主　題　「グループでオリジナルピザを作ろう」（4／5）

3 ねらいと評価のポイント

○会話を楽しみながら，積極的にピザ作りをしようとしている。　（態度）

○オリジナルピザを作っている。　（思考・判断・表現）

4 準　備　電子黒板，野菜・果物カード（掲示用・児童用），ピザシート，絵や会話文（掲示用），振り返りカード

5 展　開

子どもの活動	HRTの支援と評価（※）
Warming up 1　はじめの挨拶をする。 Hello, Mr. (Ms.)～. I'm fine, thank you. How are you? 2　今日のめあてを確認する。	○笑顔で気楽な雰囲気をつくり，挨拶をする。 Hello, everyone. How are you today? I'm fine, thank you. ○めあてを確認させ，グループでオリジナルピザを作ろうとする意欲を高めさせる。
めあて　グループでオリジナルピザを作ろう。	
Main activities 3　チャンツ，聞き取りクイズ，オリジナルピザを作ろうをする。	○ Main activitiesの活動を知らせ，活動の見通しをもたせる。
≪①チャンツ♪ What do you want? ♪≫ "Let's Try!2" p.27 ・"What do you want?" の音声を聞き，言い方を練習する。	≪①チャンツ≫ Let's Chant ○野菜カードと果物カードを黒板に貼る。カードには，英語でも表記し，文字に親しませる。 ○児童が選んだ野菜や果物に替えて行う。 ○間違えてもよいので，しっかり声を出すよう声をかける。
≪②聞き取りクイズ≫ "Let's Try!2" p.29 ・デジタル教材を視聴し，イラストと文字を線で結ぶ。 ・聞き取れたことを伝え合う。	≪②聞き取りクイズ≫ Let's Listen2 ○デジタル教材を視聴し，イラストと文字を線で結ばせる。 ○掲示するカードには，英語でも表記して文字に親しませる。 ○聞き取れたことを伝え合わせる。
≪③オリジナルピザを作ろう≫ "Let's Try!2" p.29 ・クラスを半分に分け，お店役とお客さん役を交互に行う。 ・グループで1枚のピザシートを持ち，どのようなピザにしたいか，グループで話し合う。 ・お店役は果物・野菜カードを持つ。 ・会話を通して欲しい果物や野菜を手に入れ，ピザを完成させる。 ・完成したピザを紹介し合ってもよい。 お店役 ／ お客さん役 What do you want? ／ I want～, please. OK. How many～? ／ Two～, please. Two? OK. Here you are. ／ Thank you. You're welcome.	≪③オリジナルピザを作ろう≫ Activity2 ○ピザ屋の広告などを見せ，自分が作りたいピザのイメージをもたせる。 ○お店で話す表現の練習をさせる。その際，絵や会話文を掲示し，文字に触れさせてもよい。 ○グループをつくらせ，前半・後半のどちらでお店役・お客さん役をするか確認させる。 ○グループでピザシートや果物・野菜カードを並べさせる。 ○オリジナルピザを作らせる。 ※積極的にコミュニケーションを図り，欲しいものを尋ねる言い方を使おうとしている。　＜行動観察，振り返りカード＞
Looking back 4　本時の学習を振り返る。 ○振り返りカードに，会話の楽しさや新しい気づき，友だちのよいところ等を書き，発表する。 5　終わりの挨拶をする。 Thank you very much. Goodbye, Mr. (Ms.)～. See you.	○会話の楽しさや新しい気づき等を発表させ，称賛し合わせる。 ○終わりの挨拶をする。 That's all for today. You did a great job! Goodbye, everyone. See you next time.

Unit7　第5時　学習指導案

1 単　元　What do you want?（５時間）

2 主　題「自分のオリジナルピザを紹介しよう」（５／５）

3 ねらいと評価のポイント

○既習の表現を使って，自分の作ったピザを紹介している。（思考・判断・表現）

○“What do you want?” の表現で欲しいものを尋ねる言い方を使っている。（思考・判断・表現）

4 準　備　電子黒板，野菜・果物カード（掲示用・児童用），ピザシート，絵や会話文（掲示用），カメラ，振り返りカード

5 展　開

子どもの活動	ＨＲＴの支援と評価（※）
Warming up １　はじめの挨拶をする。 Hello, Mr. (Ms.)～. I'm fine, thank you. How are you? ２　今日のめあてを確認する。	○笑顔で気楽な雰囲気をつくり，挨拶をする。 Hello, everyone. How are you today? I'm fine, thank you. ○めあてを確認させ，自分のオリジナルピザを紹介しようとする意欲を高めさせる。
めあて　自分のオリジナルピザを紹介しよう。	
Main activities ３　チャンツ，オリジナルピザを作ろう，オリジナルピザを紹介しようをする。	○ Main activitiesの活動を知らせ，活動の見通しをもたせる。
≪①チャンツ♪ What do you want? ♪≫“Let's Try!2” p.27 ・“What do you want?” の音声を聞き，言い方を練習する。	≪①チャンツ≫ Let's Chant ○野菜カードと果物カードを黒板に貼る。カードには，英語でも表記し，文字に親しませる。 ○児童が選んだ野菜や果物に替えて行う。 ○しっかり声を出すよう声をかける。
≪②オリジナルピザを作ろう≫“Let's Try!2” p.29 ・前半・後半に分け，お店役とお客さん役を交互に行う。 ・お客さん役はピザシートを１人で１枚持つ。 ・品物ごとのお店を作り，お店役は果物・野菜カードを持つ。 ・会話を通して欲しい果物や野菜を各お店で手に入れ，１人で１枚のピザを完成させる。 お店役 / お客さん役 What do you want? / I want～, please. OK. How many～? / Two～, please. Two? OK. Here you are. / Thank you. You're welcome.	≪②オリジナルピザを作ろう≫ Activity2 ○お店で話す表現の練習をさせる。その際，絵や会話文を掲示し，文字に触れさせてもよい。 ○前半・後半のどちらでお店役・お客さん役をするか確認させる。 ○品物ごとのお店の場所を確認する。 ○ピザシートや果物・野菜カードを並べさせる。 ○自分のオリジナルピザを作らせる。
≪③オリジナルピザを紹介しよう≫“Let's Try!2” p.29 ・完成したピザを紹介し合う。 This is my pizza. I like corns, onions, and pineapples. ・グループ内で紹介し合ったり，クラス全体に紹介したりする。	≪③オリジナルピザを紹介しよう≫ Activity2 ○ピザ屋の広告などを見せ，ピザの紹介をし，紹介の仕方を知らせる。 ○ピザを紹介する表現の練習をさせる。その際，絵や会話文を掲示し，文字に触れさせてもよい。 ○学級の実態に合わせ，ペアやグループ，学級全体に紹介させる。その際，作ったピザを写真撮影したものを電子黒板に映したり，作ったピザのところに集まったりして，紹介させる。 ※既習の表現を使って，自分の作ったピザを紹介しようとしている。＜行動観察，振り返りカード＞
Looking back ４　本時の学習を振り返る。 ○振り返りカードに，会話の楽しさや新しい気づき，友だちのよいところ等を書き，発表する。 ５　終わりの挨拶をする。 Thank you very much. Goodbye, Mr. (Ms.)～. See you.	○会話の楽しさや新しい気づき等を発表させ，称賛し合わせる。 ○終わりの挨拶をする。 That's all for today. You did a great job! Goodbye, everyone. See you next time.

This is my favorite place.　お気に入りの場所をしょうかいしよう

Unit8のポイント

1. 単元のねらい

ここでは，小学校の校内にあるお気に入りの場所を友だちに伝えたり，発表したりします。また，校内での道案内などを通して，教室名や案内の方法に慣れ親しませます。

校内にはさまざまな教室があり，それらを英語で表現するには難しい単語を使用しなければなりません。全国の小学校では，教室名を日本語と英語で併記したり，教室の方向を英語と矢印で指示したりと，さまざま工夫が見受けられます。これらを日ごろから目にしている子どもたちにとっては，教室名を導入することは容易かもしれませんが，普段から目にしていない子どもにとっては，教室名のキーワードとなる語彙を何度も言わせたり，活動で何度も用いさせたりして，使えるようにしていきたいものです。

この単元で出てくる主な語彙

favorite：最も好きな　place：場所　my：私の　our：私たちの　go：行く　why：なぜ
straight：まっすぐ　classroom：教室　restroom：トイレ　science：理科　music：音楽
arts and crafts：図画工作　computer：コンピュータ　cooking：料理　room：部屋
school nurse's office：保健室　school principal's office：校長室　teacher's office：職員室
entrance：入り口　library：図書館　gym：体育館　playground：運動場

2. 覚えたい英語表現

(1) Go straight. Turn right. Stop.
　This is the cooking room.

(2) A：This is my favorite place.
　B：Why?
　A：I like arts and crafts.

3. 言語活動成功のポイント

道案内は，小学校のみならず，中学校及び高等学校での英語の授業でも取り扱います。ここでは，Go straight. Turn right/left. Stop など簡単な表現にとどめていますが，これが，普段の生活でも活用できる Turn left at the second corner. や Go two blocks. などを高学年，中学校，高等学校と進むにつれて学んでいきます。その基礎基本としての表現を取り扱うために，先を見据えて，子どもたちにしっかりと慣れ親しませたいものです。

テキストには，多くの教室や場所の名前が提示されています。しかし，これらは一般的なものばかりですが，全国にはさまざまな学校があり，ランチ・ルームがない学校もあります。また，これらに加えて，児童会室，鶏やウサギの檻や花壇，放送室，給食室など学校特有のものもあります。道案内を行う前に，校内を探検しながら，子どもたちに英語での言い方を考えさせることも楽しいものです。教室名の掲示のない学校は，標識やプレートを作らせても面白いでしょう。

This is my favorite place.　お気に入りの場所をしょうかいしよう

Unit8　第1時　学習指導案　27

1 単　元　This is my favorite place.（４時間）

2 主　題「いろいろな教室の言い方を知ろう」（１／４）

3 ねらいと評価のポイント

○いろいろな教室の言い方を知り，日本語との違いに気づく。（知識・技能）

○道案内の言い方を知り，日本語との違いに気づく。（知識・技能）

4 準　備　電子黒板，子ども用の絵カード，振り返りカード

5 展　開

子どもの活動	ＨＲＴの支援と評価（※）
Warming up	
1　はじめの挨拶をする。 Hello, Mr. (Ms.)～. I'm fine, thank you. How are you?	○笑顔で気楽な雰囲気をつくり，挨拶をする。 Hello, everyone. How are you today? I'm fine, thank you.
2　自己紹介をする。（日直の子どもなど）	○簡単な英語を使って，自己紹介をする。 My name is～. I like～. I can～. I want～.
3　今日のめあてを確認する。	○めあてを確認させ，いろいろな教室の言い方を知ろうとする意欲を高める。
めあて　いろいろな教室の言い方を知ろう。	
Main activities	
4　単語練習，ポインティング・ゲーム，サイモンセズをする。	○ Main activities の活動を知らせ，活動の見通しをもたせる。
≪①単語練習≫ “Let's Try2” p.30, 31	≪①単語練習≫
・“Let's Try2” p.30, 31を見て，どのような教室があるかを発表する。 ・教室の単語の練習をする。	○知っている単語を発表した子どもがいれば，“You, too?” とクラス全体にも尋ねる。 ○担任が絵カードをめくりながら練習させる。 ○黒板に絵カードを貼り，指示した施設を言わせる。
≪②ポインティング・ゲーム≫ “Let's Try2” p.30, 31	≪②ポインティング・ゲーム≫ Let's Play1
・p.30, 31を見て，言われた単語を見つけたら “Here!” と言って指さす。 ・５問中３問取ったら勝ち。	○ p.30, 31を開かせ，単語を発音する。 ○ “Here!” と言いながら指をささせる。 ○繰り返しさせる。
≪③サイモンセズ≫	≪③サイモンセズ≫
・道案内の言い方の練習をする。 Go straight. Turn right. Turn left. Stop. ・サイモンセズと言った時だけ，その動きをする。 ・サイモンセズ以外で動いたり，動きを間違えたら座る。 ・最後まで間違えずに残った人が勝ち。	○全体で道案内の言い方を練習する。 ○デモンストレーションをする。 ○間違えたかどうかは，自分で判断させる。 ○勝った児童をほめる。 ※道案内の言い方を聞き取っている。　<行動観察>
Looking back	
5　本時の学習を振り返る。 ○振り返りカードに，新しい気づき，友だちのよいところ等を書き，発表する。	○会話の楽しさや新しい気づき等を発表させ，称賛し合わせる。
6　終わりの挨拶をする。 Thank you very much. Goodbye, Mr. (Ms.)～. See you.	○終わりの挨拶をする。 That's all for today. You did a great job! Goodbye, everyone. See you next time.

Unit8　第2時　学習指導案

1 単　元　This is my favorite place.（4時間）

2 主　題　「お気に入りの場所の言い方を知ろう」（2／4）

3 ねらいと評価のポイント

◯お気に入りの場所の言い方を知る。（知識・技能）

◯外国の小学校の様子を知り，日本の小学校との違いに気づく。（知識・技能）

4 準　備　電子黒板，絵カード，振り返りカード

5 展　開

子どもの活動	ＨＲＴの支援と評価（※）
Warming up	
1　はじめの挨拶をする。 Hello, Mr. (Ms.)～. I'm fine, thank you.　How are you?	◯笑顔で気楽な雰囲気をつくり，挨拶をする。 Hello, everyone. How are you today?　I'm fine, thank you.
2　自己紹介をする。（日直の子どもなど）	◯簡単な英語を使って，自己紹介をする。 My name is～.　I like～.　I can～. I want～.
3　今日のめあてを確認する。	◯めあてを確認させ，お気に入りの場所の言い方を知ろうとする意欲を高める。
めあて　お気に入りの場所の言い方を知ろう。	
Main activities	
4　ドンじゃんけん，聞き取りクイズ，どこが好きをする。	◯ Main activitiesの活動を知らせ，活動の見通しをもたせる。
≪①ドンじゃんけん≫	≪①ドンじゃんけん≫
・教室の言い方を練習する。 ・２人組に分かれ，絵カードを１セット（10枚）を１列に並べる。 ・１枚ずつカードを押さえながら発音し，出会ったところでじゃんけんをする。 ・勝ったら次のカードへ進むが，負けたチームの人ははじめのカードから言っていく。 ・じゃんけんで勝ち続けて，最後までカードを押さえたら勝ち。	◯はじめに，絵カードを使って教室の言い方を練習させる。 ◯４人グループを２つに分けて，１セット（10枚）のカードを１列に並べさせる。 ◯ルールを説明する。 ◯制限時間を設け，繰り返しさせる。
≪②聞き取りクイズ≫“Let's Try!2” p.32	≪②聞き取りクイズ≫ Let's Listen2
・p.32の絵を見て，教室を確認する。 ・聞き取った内容をテキストに記入し，発表する。	◯ p.32の絵を見て，これから聞く内容を予想させる。 ◯音声を聞かせ，どのようなことが聞き取れたかを子どもに発表させ，内容を確認する。 ※音声内容を聞き取り，発表している。 ＜行動観察，“Let's Try2” の点検＞
≪③どこが好き≫ ““Let's Try!2” p.32	≪③どこが好き≫ Let's Watch and Think2
・お気に入りの場所の紹介のデモンストレーションを見る。 ・わかったことを答える。 ・聞き取った内容をテキストに記入し，発表する。	◯音声を聞かせ，どのようなことが聞き取れたかを子どもに発表させ，内容を確認する。 ※音声内容を聞き取り発表している。 ＜行動観察，“Let's Try2” の点検＞
Looking back	
5　本時の学習を振り返る。 ◯振り返りカードに，会話の楽しさや新しい気づき，友だちのよいところ等を書き，発表する。	◯会話の楽しさや新しい気づき等を発表させ，称賛し合わせる。
6　終わりの挨拶をする。 Thank you very much. Goodbye, Mr. (Ms.)～.　See you.	◯終わりの挨拶をする。 That's all for today.　You did a great job! Goodbye, everyone.　See you next time.

This is my favorite place.　お気に入りの場所をしょうかいしよう

Unit8　第3時　学習指導案　29

1 単　元　This is my favorite place.（４時間）

2 主　題「インタビューゲームを楽しもう」（３／４）

3 ねらいと評価のポイント

○お気に入りの場所をわかりやすく伝えている。（思考・判断・表現）

○インタビューゲームを楽しんでいる。（態度）

4 準　備　電子黒板，絵カード，振り返りカード

5 展　開

子どもの活動	ＨＲＴの支援と評価（※）
Warming up 1　はじめの挨拶をする。 Hello, Mr. (Ms.)～. I'm fine, thank you. How are you? 2　自己紹介をする。(日直の子どもなど) 3　今日のめあてを確認する。	○笑顔で気楽な雰囲気をつくり，挨拶をする。 Hello, everyone. How are you today? I'm fine, thank you. ○簡単な英語を使って，自己紹介をする。 My name is～. I like～. I can～. I want～. ○めあてを確認させ，インタビューゲームを楽しもうとする意欲を高める。
めあて　インタビューゲームを楽しもう。	
Main activities 4　ドンじゃんけん，サイモンセズ，インタビューゲームをする。	○ Main activitiesの活動を知らせ，活動の見通しをもたせる。
≪①ドンじゃんけん≫ ・教室の言い方を練習する。 ・２人組に分かれ，絵カードを１列に並べる。 ・カードを押さえながら発音し，出会ったところでじゃんけんをする。 ・勝ったら次のカードへ進むが，負けたチームの次の人ははじめのカードから言っていく。 ・最後のカードを押さえたチームの勝ち。 ・慣れてきたら，素早く言わせる。	≪①ドンじゃんけん≫ ○はじめに，絵カードを使って教室の言い方を練習させる。 ○４人グループを２つに分けて，１セット（10枚）のカードを１列に並べさせる。 ○ルールを説明する。 ○制限時間を設け，繰り返しさせる。
≪②サイモンセズ≫ ・道案内の言い方を練習する。 ・デモンストレーションをする。 ・サイモンセズと言った時だけ，その動きをする。 ・サイモンセズ以外で動いたり，動きを間違えたら座る。 ・最後まで間違えずに残った人が勝ち。	≪②サイモンセズ≫ ○はじめに，道案内の言い方を練習させる。 ○サイモンセズのやり方を説明する。 ○間違えたかどうかは，自分で判断させる。 ○勝った児童をほめる。
≪③インタビューゲーム≫ "Let'sPlay!2" p.33 ・お気に入りの場所の紹介のデモンストレーションを見る。 ・自分が気に入った場所について，なぜ好きなのかを考える。 ・友だちにインタビューし，テキストのp.33に聞き取ったことを記入する。 ・聞き取ったことを全体に発表する。	≪③インタビューゲーム≫ Activity ○デモンストレーションでやり方を確認する。 ○友だちに聞いたことを発表させる。 ※お気に入りの場所をわかりやすく伝えようとしている。 ＜行動観察＞
Looking back 5　本時の学習を振り返る。 ○振り返りカードに，会話の楽しさや新しい気づき，友だちのよいところ等を書き，発表する。 6　終わりの挨拶をする。 Thank you very much. Goodbye, Mr. (Ms.)～. See you.	○会話の楽しさや新しい気づき等を発表させ，称賛し合わせる。 ○終わりの挨拶をする。 That's all for today. You did a great job! Goodbye, everyone. See you next time.

This is my favorite place.　お気に入りの場所をしょうかいしよう

Unit8　第4時　学習指導案　30

1 単　元　This is my favorite place.（4時間）

2 主　題　「道案内ゲームを楽しもう」（4／4）

3 ねらいと評価のポイント

○お気に入りの場所に友だちを案内する。　（思考・判断・表現）

○お気に入りの場所をわかりやすく伝え，楽しみながら道案内をしている。　（態度）

4 準　備　電子黒板，絵カード，振り返りカード

5 展　開

子どもの活動	ＨＲＴの支援と評価（※）
Warming up 1　はじめの挨拶をする。 Hello, Mr. (Ms.)～. I'm fine, thank you. How are you?	○笑顔で気楽な雰囲気をつくり，挨拶をする。 Hello, everyone. How are you today? I'm fine, thank you.
2　自己紹介をする。（日直の子どもなど）	○簡単な英語を使って，自己紹介をする。 My name is～. I like～. I can～. I want～.
3　今日のめあてを確認する。	○めあてを確認させ，道案内ゲームを楽しもうとする意欲を高める。
めあて　道案内ゲームを楽しもう。	
Main activities 4　ミッシングゲーム，サイモンセズ，道案内ゲームをする。	○ Main activitiesの活動を知らせ，活動の見通しをもたせる。
≪①ミッシングゲーム≫ ・教室の言い方を練習する。 ・黒板に貼られた，教室の絵カードを記憶する。 ・目を閉じ，絵カードが隠されるのを待つ。 ・担任の合図で目を開け，なくなっている絵カードを当てる。	≪①ミッシングゲーム≫ ○絵カードを使って，教室の言い方を練習させる。 ○教室の絵カードを黒板に貼り，記憶させる。 ○目をつぶらせ，絵カードを数枚隠す。 ○隠した（黒板からなくなった）絵カードを当てさせる。 ○慣れてきたら，絵カードの位置を変えて，なくなっているカードがどれかわかりにくくしたり，隠す枚数を増やしたりしてゲームをする。
≪②サイモンセズ≫ ・道案内の言い方を練習する。 ・デモンストレーションをする。 ・サイモンセズと言った時だけ，その動きをする。 ・サイモンセズ以外で動いたり，動きを間違えたら座る。 ・最後まで間違えずに残った人が勝ち。	≪②サイモンセズ≫ ○はじめに道案内の言い方を練習させる。 ○間違えたかどうかは，自分で判断させる。 ○勝った児童をほめる。
≪③道案内ゲーム≫“Let'sPlay2”p.33 ・お気に入りの場所の紹介のデモンストレーションを見る。 ・道案内の言い方を練習する。 ・自分が気に入った場所について，なぜ好きなのかを考える。 ・ペアになり，聞き取った場所まで道案内をする。 ・聞き取ったことを全体にも発表する。	≪③道案内ゲーム≫ ・自分が気に入った場所について，なぜ好きなのかも考え，友だちに伝えさせる。 ・前半・後半に分かれて活動させ，適宜ほめる。 ※お気に入りの場所をわかりやすく伝えようとしている。 ＜行動観察＞
Looking back 5　本時の学習を振り返る。 ○振り返りカードに，会話の楽しさや新しい気づき，友だちのよいところ等を書き，発表する。	○会話の楽しさや新しい気づき等を発表させ，称賛し合わせる。
6　終わりの挨拶をする。 Thank you very much. Goodbye, Mr. (Ms.)～. See you.	○終わりの挨拶をする。 That's all for today. You did a great job! Goodbye, everyone. See you next time.

This is my day.　ぼく・わたしの一日

Unit9のポイント

1. 単元のねらい

ここでは，第３学年の Unit 9 と同じように，絵本の読み聞かせをテーマに日常の生活に注目させて，さまざまな動詞に慣れ親しむことをねらいとしています。動詞が多く，定着は求めず，イラストとともにリズムよく読む練習をしたり，何度もチャンツなどを利用したりして，文に慣れ親しませたりします。

これは，Unit 4 の What time is it? で取り扱った，Study Time や Wake-up Time などの表現に続くものですが，この Unit 9 の表現を重視して，こちらを使えるようにしたいものです。つまり，Breakfast Time などの言い方はあまり使わないので，ここで取り扱う I have breakfast. などを使えるようにするということです。

この単元で出てくる主な語彙

wash my face：顔を洗う　go to school：学校に行く　go home：家に帰る
brush my teeth：歯を磨く　put away my futon：布団を片付ける
check my school bag：ランドセルを調べる　leave my house：家を出る
take out the garbage：ゴミを捨てる　everything：全て　later：後で　boy：男の子
girl：女の子　yummy：美味しい　wonderful：すばらしい

2. 覚えたい英語表現

(1) I wake up at 6:00.
I have breakfast at 7:00.
I go to school at 7:30.
I go home.
I do my homework.

3. 言語活動成功のポイント

小学生の一日の行動はある程度同じなので，表現を繰り返し発話させることで，慣れ親しませることができます。テキスト以外の表現としては，I have a school lunch. I play soccer. I take a bath. I watch TV. などが考えられます。ここでは，子どもたちに普段の生活について尋ねて，それを英語で言わせても楽しいものです。「本を読みます」「漫画を描きます」「猫と遊びます」などさまざまな行動が浮き彫りなりますが，それを英語にする場合，担任は電子辞書やスマートフォンで即座に英語に訳して伝えたいものです。間違っているかもしれないなどと不安がらず，恐れずにやってみましょう。

ここでも，読み聞かせを担任が行ったり，CD，電子黒板を使って行うだけではなく，子ども同士でペアやグループになり，相手を思いやりながら読ませたいものです。全ての文を１人で読むのではなく，ペアで１文ずつ読ませたり，１ページずつ読み合わせたり，さまざまな工夫をしながら，楽しく読み聞かせをしたいものです。

This is my day.　ぼく・わたしの一日

Unit9　第1時　学習指導案　31

1 単　元　This is my day.（5時間）

2 主　題　「時刻の言い方を知ろう」（1／5）

3 ねらいと評価のポイント

○時刻の言い方を知り，日本語との違いに気づく。（知識・技能）

○積極的に，時刻を質問したり答えたりしている。（態度）

4 準　備　電子黒板，数字カード，時計カルタ，振り返りカード

5 展　開

子どもの活動	HRTの支援と評価（※）
Warming up	
1　はじめの挨拶をする。 Hello, Mr. (Ms.) ～. I'm fine, thank you.　How are you?	○笑顔で気楽な雰囲気をつくり，挨拶をする。 Hello, everyone. How are you today?　I'm fine, thank you.
2　自己紹介をする。（日直の子どもなど）	○簡単な英語を使って，自己紹介をする。 My name is～.　I like～.　I can～. I want～.
3　今日のめあてを確認する。	○めあてを確認させ，時刻の言い方を知ろうとする意欲を高める。
めあて　時刻の言い方を知ろう。	
Main activities	
4　会話練習，時計カルタ，マッチングゲームをする。	○ Main activities の活動を知らせ，活動の見通しをもたせる。
≪①会話練習≫	≪①会話練習≫
・担任に What time is it? と尋ねる。 ・数字カード（1～30）を見ながら，練習する。 ・子どもが担任役をする。 ・時刻の言い方を練習をする。 What time is it?　It's～o'clock.	○担任が絵カードをめくりながら練習させる。 ○ペアで練習させる。
≪②時計カルタ≫	≪②時計カルタ≫
・担任に What time is it? と質問する。 ・担任が It's～o'clock. と言ったカルタを取る。 ・取った枚数の多い方が勝ち	○子どもの質問に It's～o'clock. と答える。 ○子どもが担任の役をし，全体を進行させる。 ※時刻の言い方を聞き取れている。＜行動観察＞
≪③マッチングゲーム≫	≪③マッチングゲーム≫
・時刻を表したカード（カルタ）を1人1枚ずつ持つ。 ・What time is it? と友だちに尋ねる。 ・自分のカードと同じ相手を見つけたら，その場に座る。	・時刻を表したカード（カルタ）を必ずペアになれるように1人1枚ずつ持たせる。 ・ゲームの際に，アイコンタクトやスマイルを意識して取り組むように声をかける。 ・2回目は，同じカードを持っている子を3人にし，3人そろったら座れるようにする。
Looking back	
5　本時の学習を振り返る。 ○振り返りカードに，新しい気づき，友だちのよいところ等を書き，発表する。	○会話の楽しさや新しい気づき等を発表させ，称賛し合わせる。
6　終わりの挨拶をする。 Thank you very much. Goodbye, Mr. (Ms.) ～.　See you.	○終わりの挨拶をする。 That's all for today. You did a great job! Goodbye, everyone.　See you next time.

Unit9　第2時　学習指導案

1 単　元　This is my day.（５時間）

2 主　題　「日課の言い方を知ろう」（２／５）

3 ねらいと評価のポイント

〇日課の言い方を知り，日本語との違いに気づく。　（知識・技能）

〇自分の日課について伝える。　（思考・判断・表現）

4 準　備　電子黒板，数字カード，１個のこしはだめよのシート，日課の絵カード，振り返りカード

5 展　開

子どもの活動	ＨＲＴの支援と評価（※）
Warming up	
1　はじめの挨拶をする。 Hello, Mr. (Ms.) ～. I'm fine, thank you. How are you?	○笑顔で気楽な雰囲気をつくり，挨拶をする。 Hello, everyone. How are you today? I'm fine, thank you.
2　自己紹介をする。（日直の子どもなど）	○簡単な英語を使って，自己紹介をする。 My name is～. I like～. I can～. I want～.
3　今日のめあてを確認する。	○めあてを確認させ，日課の言い方を知ろうとする意欲を高める。
めあて　日課の言い方を知ろう。	
Main activities	
4　１個のこしはだめよゲーム，ジェスチャーゲーム，インタビューゲームをする。	○ Main activitiesの活動を知らせ，活動の見通しをもたせる。
≪①１個のこしはだめよゲーム≫	≪①１個のこしはだめよゲーム≫
・数字カード（31～60）を見ながら，練習する。 ・シートの数字を一度に３つまで消せる。 ・最後の１つを相手に消させた方が勝ち。	○デモンストレーションでルールを説明する。 ○31～60までの数字が書いてあるプリントを配付する。 ○困っている子どもを支援する。
≪②ジェスチャーゲーム≫	≪②ジェスチャーゲーム≫
・はじめに絵カードで日課の言い方を練習する。 ・聞き取った日課をジェスチャーで表現する。 ・間違った動きをしたら座る。	○絵カードの日課を日本語で確認していく。 ○担任が絵カードをめくりながら練習させる。 ○日課をジェスチャーで表現する練習をさせる。 ○テンポよく日課を言わせる。
≪③インタビューゲーム≫	≪③インタビューゲーム≫
・What time do you get up?　I get up at 7:00. と会話練習をする（全体練習→ペア練習）。 ・What time do you get up? とクラスの友だちに尋ねる。 ・友だちに聞いたことを発表する。 （○○さんは□時に起きます。） ・２回目は，違う日課で尋ねる。	○はじめに会話練習をし，慣れさせる。 ○デモンストレーションをし，ゲームのやり方を確認する。 ○アイコンタクトやスマイルを意識して取り組むように声をかける。 ○友だちに聞いたことを発表させる。 ※自分の日課を伝えている。　＜行動観察＞
Looking back	
5　本時の学習を振り返る。 ○振り返りカードに，新しい気づき，友だちのよいところ等を書き，発表する。	○会話の楽しさや新しい気づき等を発表させ，称賛し合わせる。
6　終わりの挨拶をする。 Thank you very much. Goodbye, Mr. (Ms.) ～. See you.	○終わりの挨拶をする。 That's all for today. You did a great job! Goodbye, everyone. See you next time.

This is my day.　ぼく・わたしの一日

Unit9　第3時　学習指導案　33

1　単　元　This is my day.（5時間）

2　主　題　「日課のインタビューゲームを楽しもう」（3／5）

3　ねらいと評価のポイント

○自分の日課を，積極的に友だちに尋ねたり答えたりしている。　（態度）

○絵本に出てくる日課を聞き取る。　（思考・判断・表現）

4　準　備　電子黒板，時計カード，日課の絵カード，振り返りカード

5　展　開

<table>
<tr><th>子どもの活動</th><th>ＨＲＴの支援と評価（※）</th></tr>
<tr><td>Warming up
1　はじめの挨拶をする。
Hello, Mr. (Ms.)～.
I'm fine, thank you. How are you?
2　自己紹介をする。（日直の子どもなど）

3　今日のめあてを確認する。</td><td>○笑顔で気楽な雰囲気をつくり，挨拶をする。
Hello, everyone.
How are you today? I'm fine, thank you.
○簡単な英語を使って，自己紹介をする。
My name is～. I like～. I can～.
I want～.
○めあてを確認させ，日課のインタビューゲームを楽しもうとする意欲を高める。</td></tr>
<tr><td colspan="2">めあて　日課のインタビューゲームを楽しもう。</td></tr>
<tr><td>Main activities
4　ドンじゃんけん，インタビューゲーム，絵本の聞き取りをする。
≪①ドンじゃんけん≫
・時刻の言い方を確認する。
・２人組に分かれ，時計の絵カードを１列に並べる。
・カードを押さえながら発音し，出会ったところでじゃんけんをする。
・じゃんけんに勝ったら次のカードへ進むが，負けたチームははじめのカードから言って進んでいく。
・最後までカードを押さえたら勝ち。
・慣れてきたら，素早く言って進んでいく。
≪②インタビューゲーム≫
・What time do you ～? とクラスの友だちに尋ねる。
・友だちに聞いたことを発表する。（○さんは□時に起きます。）
・２回目は，違う日課で尋ねる。
≪③絵本の聞き取り≫
・はじめは，テキストを開かずに担任の読み聞かせを聞く。
・絵本を聞き，わかったことを発表する。</td><td>○ Main activities の活動を知らせ，活動の見通しをもたせる。
≪①ドンじゃんけん≫
○時刻カードを見せながら練習をさせる。
○グループを２つに分けて，１セット（10枚）のカードを１列に並べさせる。（人数が多ければ，列の数を増やす。）
○デモンストレーションをして，ルールを確認する。
○制限時間を設け，繰り返しさせる。

≪②インタビューゲーム≫
○デモンストレーションでやり方を確認する。
○アイコンタクトやスマイルを意識して取り組むように声をかける。
○友だちに聞いたことを発表させる。
≪③絵本の聞き取り≫
○ジェスチャーをつけ，表情豊かに読む。（p.34～40）
○絵本の絵や話の筋について時折質問しながら，児童を絵本の世界に引き込む。
○ページをめくる際には，次の展開を予想させ，興味をもたせる。
※絵本の内容を聞き取り，発表している。　<行動観察></td></tr>
<tr><td>Looking back
5　本時の学習を振り返る。
○振り返りカードに，新しい気づき，友だちのよいところ等を書き，発表する。
6　終わりの挨拶をする。
Thank you very much.
Goodbye, Mr. (Ms.)～. See you.</td><td>○会話の楽しさや新しい気づき等を発表させ，称賛し合わせる。

○終わりの挨拶をする。
That's all for today.
You did a great job!
Goodbye, everyone. See you next time.</td></tr>
</table>

This is my day.　ぼく・わたしの一日

Unit9　第4時　学習指導案　34

1 単　元　This is my day.（5時間）

2 主　題　「誰の日課のことかを考えよう」（4／5）

3 ねらいと評価のポイント

○絵本に出てくる日課を聞き取る。（思考・判断・表現）

○自分の日課を，積極的に友だちに尋ねたり答えたりしようとする。（態度）

4 準　備　電子黒板，絵本，時刻・日課の絵カード，振り返りカード

5 展　開

子どもの活動	HRTの支援と評価（※）
Warming up	
1　はじめの挨拶をする。 Hello, Mr. (Ms.)～. I'm fine, thank you.　How are you?	○笑顔で気楽な雰囲気をつくり，挨拶をする。 Hello, everyone. How are you today?　I'm fine, thank you.
2　自己紹介をする。（日直の子どもなど）	○簡単な英語を使って，自己紹介をする。 My name is～.　I like～.　I can～. I want～.
3　今日のめあてを確認する。	○めあてを確認させ，誰の日課のことかを考えようとする意欲を高める。
めあて　誰の日課のことかを考えよう。	
Main activities	
4　インタビューゲーム，絵本の聞き取り，私は誰でしょうクイズをする。	○ Main activities の活動を知らせ，活動の見通しをもたせる。
≪①インタビューゲーム≫	≪①インタビューゲーム≫
・What time do you～? とクラスの友だちに尋ねる。 ・友だちに聞いたことを発表する。 （○○さんは□時に～します。） ・２回目は，違う日課で尋ねる。	○デモンストレーションでやり方を確認する。 ○アイコンタクトやスマイルを意識して取り組むように声をかける。 ○友だちに聞いたことを発表させる。
≪②絵本の聞き取り≫	≪②絵本の聞き取り≫
・テキストを開きながら，担任の読み聞かせを聞く。 ・わかったことを発表する。	○ジェスチャーをつけ，表情豊かに読む。（p.34～40） ○絵本の絵や話の筋について時折質問しながら，児童を絵本の世界に引き込む。 ○ページをめくる際には，次の展開を予想させ，興味をもたせる。
≪③私は誰でしょうクイズ≫	≪③私は誰でしょうクイズ≫
・自分の日課を紙に書く。 ・日課を聞き，誰の日課のことを言っているか考える。 ・誰の日課か答える。	○自分の日課を紙に書かせる。（テキストを参考に） ○子どもの書いた紙を回収する。 ○子どもの日課を読み，誰の日課か考えさせる。 ※自分の日課を書いている。　＜日課を書いた紙＞
Looking back	
5　本時の学習を振り返る。 ○振り返りカードに，新しい気づき，友だちのよいところ等を書き，発表する。	○会話の楽しさや新しい気づき等を発表させ，称賛し合わせる。
6　終わりの挨拶をする。 Thank you very much. Goodbye, Mr. (Ms.)～.　See you.	○終わりの挨拶をする。 That's all for today. You did a great job! Goodbye, everyone.　See you next time.

This is my day.　ぼく・わたしの一日

Unit9　第5時　学習指導案　35

1 単　元　This is my day.（5時間）

2 主　題　「絵本の読み聞かせをしよう」（5／5）

3 ねらいと評価のポイント

○絵本を楽しく読み聞かせようとしている。（態度）

○絵本の読み聞かせをする。（思考・判断・表現）

4 準　備　電子黒板，絵本，時刻・日課の絵カード，振り返りカード

5 展　開

子どもの活動	ＨＲＴの支援と評価（※）
Warming up	
1　はじめの挨拶をする。 Hello, Mr.（Ms.）～. I'm fine, thank you.　How are you?	○笑顔で気楽な雰囲気をつくり，挨拶をする。 Hello, everyone. How are you today?　I'm fine, thank you.
2　自己紹介をする。（日直の子どもなど）	○簡単な英語を使って，自己紹介をする。 My name is～.　I like～.　I can～. I want～.
3　今日のめあてを確認する。	○めあてを確認させ，絵本の読み聞かせをしようとする意欲を高める。
めあて　絵本の読み聞かせをしよう。	
Main activities	
4　インタビューゲーム，絵本の読み聞かせをする。	○ Main activities の活動を知らせ，活動の見通しをもたせる。
≪①インタビューゲーム≫	≪①インタビューゲーム≫
・What time do you～? とクラスの友だちに尋ねる。	○デモンストレーションでやり方を確認する。
・友だちに聞いたことを発表する。 （○○さんは□時に～します。）	○アイコンタクトやスマイルを意識して取り組むように声をかける。
・２回目は，違う日課で尋ねる。	○友だちに聞いたことを発表させる。
≪②絵本の読み聞かせ≫	≪②絵本の読み聞かせ≫
・担任のモデルを聞く。	○担任が読み聞かせのモデルを示す。
・ペアになり，相手に向かって一人ずつ読み聞かせをする。	○ペアで読み聞かせをさせる。 ○なかなか読めない子どもには支援する。
・読めないところは担任に質問する。	※絵本を楽しく読み聞かせようとしている。＜行動観察＞
Looking back	
5　本時の学習を振り返る。 ○振り返りカードに，新しい気づき，友だちのよいところ等を書き，発表する。	○会話の楽しさや新しい気づき等を発表させ，称賛し合わせる。
6　終わりの挨拶をする。 Thank you very much. Goodbye, Mr.（Ms.）～.　See you.	○終わりの挨拶をする。 That's all for today. You did a great job! Goodbye, everyone.　See you next time.

Hello,world!　世界のいろいろなことばであいさつしよう

Unit1 指導要録記入例＆通知表文例集

1. 指導要録記入例

知識・技能	○いろいろな国の挨拶の言い方を知り，ジェスチャーなどとともに慣れ親しんでいる。 ○“Hello (Hi), I'm～.” “Good [morning/afternoon/night].” “I like ～.” “I don't like～.” の表現の使い方を知っている。 ○英語での挨拶の言い方を知っている。
思考・判断・表現	○友だちとさまざまな挨拶をしている。 ○友だちに自分の好みなどを伝えている。 ○挨拶をして，友だちと好きなことや嫌いなことを尋ねたり答えたりしている。
態度	○相づちを打ちながら，友だちの挨拶や話などを聞こうとしている。 ○誰とでも，元気よく挨拶している。 ○友だちと挨拶をして，自分の好みなどについて伝え合おうとしている。

2. 通知表文例集

知識・技能	○挨拶の仕方や言葉を通して，いろいろな国の挨拶の言い方に慣れ親しんでいました。 ○“Hello (Hi), I'm～.” “Good [morning/afternoon/night].” “I like ～.” “I don't like～.” の表現の使い方を知っていました。 ○世界にはさまざまな挨拶の仕方があることを知っていました。
思考・判断・表現	○活動を通して，世界のさまざまな挨拶を友だちと伝え合う経験をしました。 ○友だちとさまざまな挨拶の表現やジェスチャーを使って，挨拶していました。 ○友だちと自分の好みについて伝え合っていました。
態度	○友だちの目を見て相づちを打ちながら，友だちの話を聞こうとしていました。 ○友だちと挨拶をして，好きなことや嫌いなことについて積極的に話し合っていました。 ○誰とでも，楽しく好きなことや嫌いなことについて尋ねたり答えたりしていました。

Unit2 指導要録記入例＆通知表文例集

1. 指導要録記入例

知識・技能	○天気，遊び，動作に関する英単語を理解している。 ○天気を尋ねたり答えたりする言い方や遊びに誘う言い方を知っている。 ○さまざまな動作遊びや天気の言い方，遊びに誘う表現に慣れ親しんでいる。
思考・判断・表現	○したい遊びを伝えたり，答えたりしている。 ○天気に応じた，したい遊びを考え，表現している。 ○映像を視聴し，自分たちとの共通点や相違点など，気づいたことを発表している。
態度	○聞き手に配慮しながら，自分のしたい遊びを伝えようとしている。 ○アイコンタクトや相づちを打ちながら，インタビュー活動に取り組もうとしている。 ○友だちを自分の好きな遊びに誘おうとしている。

2. 通知表文例集

知識・技能	○天気，遊び，動作に関する英単語を理解し，聞き取ったり発音したりすることに慣れ親しんでいました。 ○天気を尋ねたり答えたりする言い方や遊びに誘う言い方を知っていました。 ○世界には多様な考え方があることに気づいていました。
思考・判断・表現	○天気に応じた，したい遊びを考え，友だちに伝えたり答えたりしていました。 ○世界の天気や子どもたちの遊びなどの映像を視聴し，自分たちとの共通点や相違点などを発表していました。 ○好きな遊びについて，クラスの友だちと伝え合っていました。
態度	○天気を尋ねたり，したい遊びを伝えたりする活動に進んで取り組み，交流を楽しんでいました。 ○アイコンタクトや相づちを打ちながら，積極的にインタビュー活動に取り組んでいました。 ○相手に配慮しながら，友だちを自分の好きな遊びに誘おうとしていました。

I like Mondays.　すきな曜日は何かな？

Unit3 指導要録記入例＆通知表文例集

1．指導要録記入例

知識・技能	○世界の子どもたちの生活について，知っている。 ○曜日に関する英単語を理解している。 ○曜日を尋ねたり答えたりする言い方を知って，尋ねたり答えたりする言い方に慣れ親しんでいる。
思考・判断・表現	○好きな曜日を尋ねたり，答えたりしている。 ○一週間の予定を聞き，おおよその内容をとらえたり，クイズに答えたりしている。 ○映像を視聴し，自分たちとの共通点や相違点など，気づいたことを発表している。
態度	○聞き手に配慮しながら，好きな曜日を伝えようとしている。 ○アイコンタクトや相づちをしながら，インタビュー活動に取り組んでいる。 ○楽しんで，友だちと好きな曜日について話そうとしている。

2．通知表文例集

知識・技能	○曜日に関する英単語を理解し，聞き取ったり発音したりすることに慣れ親しんでいました。 ○曜日を尋ねたり答えたりする言い方を知りました。 ○世界の子どもたちの生活を知り，自分たちの生活との違いや共通点について気づいていました。
思考・判断・表現	○曜日を尋ねたり，答えたりする言い方を使って，曜日クイズをしていました。 ○世界の子どもたちの放課後の過ごし方を知り，自分たちとの共通点や相違点などを発表しました。 ○自分の好きな曜日について，友だちと尋ねたり答えたりしていました。
態度	○好きな曜日を尋ねたり，答えたりする活動に進んで取り組み，交流を楽しんでいました。 ○アイコンタクトや相づちをしながら，インタビュー活動に取り組んでいました。 ○積極的に，友だちに自分の好きな曜日について伝えようとしていました。

What time is it?　今，何時？

Unit4 指導要録記入例＆通知表文例集

1．指導要録記入例

知識・技能	○世界の国々や地域によって時差があることに気づいている。 ○時刻や日課についての表現を知り，話された内容を理解している。 ○時刻や日課についての単語や表現を理解し，尋ね方や言い方に慣れ親しんでいる。
思考・判断・表現	○海外の時刻を聞き取り，日本との違いについて気づいたことや感想を発表している。 ○授業で学んだ単語や表現を活用し，相手が内容を理解できるよう，紹介文を考えている。 ○自分の好きな時刻だけではなく，理由も考えて紹介している。
態度	○積極的に発表をし，活動全体に意欲的に取り組んでいる。 ○聞き手に配慮しながら，簡単な自己紹介をしようとしている。 ○アイコンタクトや相づちを意識して，相手の発表を熱心に聞き，そのよいところを伝えている。

2．通知表文例集

知識・技能	○世界には時差があることを知っていました。 ○時刻や日課についての表現を理解し，話された内容について理解していました。 ○時刻や日課についての単語や表現を理解し，尋ね方や言い方に慣れ親しんでいました。
思考・判断・表現	○海外の時刻を聞き取り，日本との違いについて気づいたことや感想を発表していました。 ○授業で学んだ単語や表現を活用し，相手が内容を理解できるように紹介文を考えていました。 ○自分の好きな時刻だけはでなく，理由もしっかりと紹介していました。
態度	○積極的に友だちの前で発表をし，活動全体に意欲的に取り組んでいました。 ○聞き手を意識しながら，簡単な自己紹介をしました。 ○アイコンタクトや相づちをしながら，相手の発表を熱心に聞き，そのよいところを伝えていました。

Do you have a pen?　おすすめの文房具セットをつくろう

Unit5 指導要録記入例＆通知表文例集

1．指導要録記入例

知識・技能	○文房具の日本語と英語の発音の違いに気づいている。 ○文房具などの学校で使うものや持ち物の表現を知り，慣れ親しんでいる。 ○文房具などの学校で使うものや持ち物を尋ねたり答えたりすることに慣れ親しんでいる。
思考・判断・表現	○推測しながら，筆箱やかばんの中にある文房具などの持ち物を聞き取っている。 ○誰にどのような文房具セットをおくるとよいのか考え，紹介している。 ○友だちと文房具について，尋ねたり答えたりしている。
態度	○世界の子どもたちのかばんの中身についての映像を，興味をもって視聴している。 ○積極的におすすめの文房具セットを作り，友だちと交流を楽しんでいる。 ○相手に配慮しながら，誰にどのような文房具セットを作ったのか友だちに伝えようとしている。

2．通知表文例集

知識・技能	○文房具などの学校で使うものや持ち物の表現を知り，慣れ親しでいました。 ○文房具などの学校で使うものや持ち物を尋ねたり答えたりする表現を知っていました。
思考・判断・表現	○推測しながら，筆箱やかばんの中にある文房具などの持ち物を聞き取っていました。 ○誰にどのような文房具セットをおくるとよいかを考え，紹介していました。
態度	○世界の子どもたちのかばんの中身についての映像を，興味をもって視聴していました。 ○積極的におすすめの文房具セットを作り，友だちと交流を楽しんでいました。 ○相手に配慮しながら，誰にどのような文房具セットを作ったのかを友だちに伝えようとしていました。

Alphabet　アルファベットで文字遊びをしよう

Unit6 指導要録記入例＆通知表文例集

1. 指導要録記入例

知識・技能	○身の回りには活字体の文字で表されているものがあることに気づき，アルファベットの小文字を知っている。 ○アルファベットの小文字の読み方を知っている。 ○アルファベットの文字について，尋ねたり答えたりすることに慣れ親しんでいる。
思考・判断・表現	○推測しながら，看板や標示などにある文字について聞き取っている。 ○アルファベットの文字クイズを出したり答えたりしている。 ○身の回りのものからアルファベット標示のものを見つけ，アルファベットの文字辞典を作り，紹介している。
態度	○積極的にアルファベットの文字クイズを出したり答えたりして，友だちと交流を楽しんでいる。 ○相手に配慮しながら，アルファベットの文字について伝え合おうとしている。 ○アルファベットの小文字を楽しんで書こうとしている。

2. 通知表文例集

知識・技能	○身の回りには活字体の文字で表されているものがあることに気づき，アルファベットの小文字を知っていました。 ○アルファベットの小文字の読み方を知っていました。 ○アルファベットの文字について，尋ねたり答えたりすることに慣れ親しんでいました。
思考・判断・表現	○推測しながら，看板や標示などにある文字について聞き取っていました。 ○アルファベットの文字クイズを出したり答えたりしていました。 ○身の回りのものからアルファベット標示のものを見つけ，アルファベットの文字辞典を作り，紹介しようとしていました。
態度	○積極的にアルファベットの文字クイズを出したり答えたりして，友だちと交流を楽しんでいました。 ○相手に配慮しながら，アルファベットの文字について伝え合おうとしていました。 ○アルファベットの小文字を楽しんで書こうとしていました。

Unit7 指導要録記入例＆通知表文例集

1. 指導要録記入例

知識・技能	○果物や野菜の言い方を知っている。 ○“What do you want?” の表現を使って，欲しいものを尋ねる言い方を理解している。 ○欲しいものを尋ねたり要求したりする表現に慣れ親しんでいる。
思考・判断・表現	○オリジナルパフェを紹介している。 ○欲しい食材などを尋ねたり答えたりしている。 ○既習の表現を使って，自分の作ったピザを紹介している。
態度	○相手に配慮しながら，自分のオリジナルメニューを紹介しようとしている。 ○世界の市場と日本の市場を比べ，違いについて興味をもっている。 ○会話を楽しみながら，積極的にパフェ作り・ピザ作りをしようとしている。

2. 通知表文例集

知識・技能	○“What do you want?” の表現を使って，欲しいものを尋ねたり，答えたりする仕方を理解していました。 ○果物や野菜などの食材の言い方を知っていました。 ○果物や野菜などの英語と日本語の発音の違いについて理解していました。
思考・判断・表現	○欲しい食材などについて，友だちと尋ねたり答えたりして交流していました。 ○オリジナルパフェを作って，クラスの全員の前で紹介していました。 ○学習してきた表現を使って，自分の作ったピザを紹介していました。
態度	○世界の市場と日本の市場を比べ，違いに興味をもって視聴していました。 ○友だちと積極的に欲しいものを尋ねたり要求したりして楽しんでいました。 ○会話を楽しみながら，積極的にパフェ作り・ピザ作りをしていました。

This is my favorite place.　お気に入りの場所をしょうかいしよう

Unit8 指導要録記入例＆通知表文例集

1．指導要録記入例

知識・技能	○さまざまな教室の言い方を聞き，慣れ親しんだ表現を確認している。 ○道案内の言い方を使ったサイモンセズで，表現に慣れ親しんでいる。 ○教室の絵カードを使ったドンじゃんけんでは，教室名を正確に理解している。
思考・判断・表現	○教室に関する聞き取りクイズでは，聞き取れたことをもとにして答えを見つけている。 ○自分が気に入っている校内の場所に案内している。 ○自分のお気に入りの教室を，わかりやすく伝えている。
態度	○アイコンタクトやスマイルを意識して，インタビュー活動をしている。 ○他者に配慮しながら，お気に入りの教室を尋ねるインタビュー活動をしている。 ○積極的に自分が気に入っている場所について伝え合おうとしている。

2．通知表文例集

知識・技能	○ポインティングゲームでは，さまざまな教室名を正確に理解していました。 ○学習した語句や基本的な表現を知っていました。 ○教科名や教室名の言い方に慣れ親しんでいました。
思考・判断・表現	○自分のお気に入りの教室を相手の反応を見て，ゆっくりと内容が伝わるように話していました。 ○教室に関する聞き取りクイズでは，聞き取れたことをもとにして答えを見つけていました。 ○自分が気に入っている校内の場所に案内していました。
態度	○アイコンタクトやスマイルを意識して，インタビュー活動に取り組んでいました。 ○楽しみながら，友だちのお気に入りの教室についての話を聞いていました。 ○楽しみながら，友だちと校内の場所を道案内していました。

Unit9 指導要録記入例＆通知表文例集

1. 指導要録記入例

知識・技能	◯日課に関する語彙や表現の日本語と英語の音声やリズムなどの違いに気づいている。 ◯日課を表す表現に慣れ親しんでいる。 ◯絵本の読み聞かせの手法を知っている。
思考・判断・表現	◯自分の日課を相手の反応を見ながら，ゆっくりと内容が伝わるように話している。 ◯一日の日課に関する絵本を聞き，内容についてわかったことを答えている。 ◯絵本の読み聞かせをしている。
態度	◯自分の日課についてを，積極的に友だちに尋ねたり答えたりしている。 ◯アイコンタクトやスマイルを意識して，自分の日課を伝えようとしている。 ◯積極的に自分から絵本の読み聞かせを友だちにしようとしている。

2. 通知表文例集

知識・技能	◯朝から晩までの一日の日課を表す語彙や表現について知っていました。 ◯絵本の読み聞かせを聞いて，読まれた日課の内容について理解していました。 ◯絵本の読み聞かせに慣れ親しんでいました。
思考・判断・表現	◯自分の日課について，友だちに伝えていました。 ◯日課に関する絵本を聞き，聞き取れた内容について発表していました。 ◯絵本の読み聞かせを友だちとしていました。
態度	◯アイコンタクトやスマイルを意識して，自分の日課を紹介していました。 ◯絵本の読み聞かせを聞いて，積極的に内容を理解しようとしていました。 ◯楽しみながら，大きな声で友だちと絵本の読み聞かせをしていました。

Unit1　評価補助簿

［評価方法］①行動観察：行　②発表観察：発　③“Let's Try!2”（ワークシート等）：L.T.　④自己評価：自　⑤相互評価：相　＊可能なら特徴的なことを簡単に記入する。

評価規準		
	知識・技能	いろいろな国の挨拶の言い方に慣れ親しむ。世界にはさまざまな挨拶の仕方があることに気づく。
	思考・判断・表現	“Hello (Hi), I'm ～.” “Good [morning/afternoon/night].” “I like ～.” “I don't like ～.” の表現を使って，挨拶や自己紹介をする。
	態度	相づちを打ちながら，友だちの話を聞こうとしている。

各時の評価規準と評価方法		第１時【主に：知識・技能】	第２時【主に：思考・判断・表現】		
		世界にはさまざまな挨拶の仕方や文字があることを知る。	挨拶や自己紹介をして，好きなものや嫌いなものを聞いたり伝えたりする。		
No.	名前	評価方法<①行，④自>	評価方法<①行>		
1					
2					
3					
4					
5					
6					
7					
8					
9					
10					
11					
12					
13					
14					
15					
16					
17					
18					
19					
20					
21					
22					
23					
24					
25					
26					
27					
28					
29					
30					
31					
32					
33					
34					
35					
36					
37					
38					
39					
40					

Unit2　評価補助簿

［評価方法］①行動観察：行　②発表観察：発　③"Let's Try!2"（ワークシート等）：L.T.　④自己評価：自　⑤相互評価：相　＊可能なら特徴的なことを簡単に記入する。

評価規準		
	知識・技能	さまざまな動作，遊びや天気の言い方，遊びに誘う表現について慣れ親しむ。
	思考・判断・表現	遊びに誘う表現を使って，聞いたり言ったりしている。また，天気に応じた遊びを考え，表現する。
	態度	他者に配慮しながら，好きな遊びを伝え合おうとしている。

各時の評価規準と評価方法		第１時【主に：知識・技能】	第２時【主に：思考・判断・表現】	第３時【主に：思考・判断・表現】	第４時【主に：態度】
		天気の言い方や，天気を尋ねたり答えたりする表現を知る。	遊びに誘う表現を使って，聞いたり言ったりする。	天気に応じた遊びを考え，表現している。	他者に配慮しながら，自分の好きな遊びを伝え合おうとしている。
No.	名前	評価方法<①行，②発，③L.T.（p.6,7）④自>	評価方法<①行，②発，③L.T.（p.8）④自，⑤相>	評価方法<①行，②発，③L.T.（p.9）④自，⑤相>	評価方法<①行，②発，③L.T.（p.9）④自，⑤相>
1					
2					
3					
4					
5					
6					
7					
8					
9					
10					
11					
12					
13					
14					
15					
16					
17					
18					
19					
20					
21					
22					
23					
24					
25					
26					
27					
28					
29					
30					
31					
32					
33					
34					
35					
36					
37					
38					
39					
40					

Unit3　評価補助簿

［評価方法］①行動観察：行　②発表観察：発　③ “Let's Try!2”（ワークシート等）：L.T.　④自己評価：自　⑤相互評価：相　＊可能なら特徴的なことを簡単に記入する。

評価規準		
	知識・技能	曜日について知る。
	思考・判断・表現	一週間の予定を聞き，おおよその内容をとらえたり，クイズに答えたりする。
	態度	他者に配慮しながら，自分の好きな曜日を伝え合おうとしている。

各時の評価規準と評価方法		第1時【主に：知識・技能】	第2時【主に：思考・判断・表現】	第3時【主に：態度】	
		曜日の言い方や，曜日を尋ねたり答えたりする表現を知る。	一週間の予定を聞き，おおよその内容をとらえたりクイズに答えたりする。	他者に配慮しながら，自分の好きな曜日を伝え合おうとしている。	
No.	名前	評価方法<①行，②発，③L.T.（p.10），④自>	評価方法<①行，②発，③L.T.（p.12,13）④自，⑤相>	評価方法<①行，②発，③L.T.（p.12,13）④自，⑤相>	
1					
2					
3					
4					
5					
6					
7					
8					
9					
10					
11					
12					
13					
14					
15					
16					
17					
18					
19					
20					
21					
22					
23					
24					
25					
26					
27					
28					
29					
30					
31					
32					
33					
34					
35					
36					
37					
38					
39					
40					

Unit4　評価補助簿

［[評価方法］①行動観察：行　②発表観察：発　③"Let's Try!2"（ワークシート等）：L.T.　④自己評価：自　⑤相互評価：相　＊可能なら特徴的なことを簡単に記入する。

評価規準		
	知識・技能	時刻や日課に関する表現や，時刻や理由の言い方を知る。
	思考・判断・表現	自分の好きな時刻にその理由もつけて伝え合う。
	態度	他者に配慮しながら，好きな時刻に理由もつけて伝え合おうとしている。

各時の評価規準と評価方法		第１時【主に：知識・技能】	第２時【主に：思考・判断・表現】	第３時【主に：思考・判断・表現】	第４時【主に：態度】
		時刻や日課に関する表現を知る。	日本と外国の時刻の違いに気づきながら，発表している。	好きな時刻に理由もつけて，積極的に紹介している。	聞き手を意識しながら紹介したり，興味をもって聞いたりしている。
No.	名前	評価方法<①行，③L.T.（p.14，15），④自>	評価方法<①行，②発，③L.T.（p.16，17）④自>	評価方法<①行，②発，③L.T.（p.17）④自，⑤相>	評価方法<①行，②発，④自，⑤相>
1					
2					
3					
4					
5					
6					
7					
8					
9					
10					
11					
12					
13					
14					
15					
16					
17					
18					
19					
20					
21					
22					
23					
24					
25					
26					
27					
28					
29					
30					
31					
32					
33					
34					
35					
36					
37					
38					
39					
40					

Unit5　評価補助簿

［評価方法］①行動観察：行　②発表観察：発　③“Let's Try!2”（ワークシート等）：L.T.　④自己評価：自　⑤相互評価：相　＊可能なら特徴的なことを簡単に記入する。

評価規準	知識・技能	文房具などの学校で使うものや，持ち物の言い方を知る。
	思考・判断・表現	文房具など学校で使うものについて，聞いてわかったり，おすすめの文房具セットを作って伝え合ったりする。
	態度	相手に配慮しながら，文房具など学校で使うものについて伝え合おうとしている。

各時の評価規準と評価方法		第１時【主に：知識・技能】	第２時【主に：思考・判断・表現】	第３時【主に：態度】	第４時【主に：思考・判断・表現】
		進んで単語を発音し，文房具などの言い方を知る。	推測しながら，文房具について聞き取っている。	積極的に文房具セットを作って伝え合っている。	どのようなおすすめの文房具セットを作ったのかを友だちに紹介している。
No.	名前	評価方法＜①行，②発，④自＞	評価方法＜①行，②発，③L.T.（p.20），④自＞	評価方法＜①行，③L.T.（p.21），④自，⑤相＞	評価方法＜①行，③L.T.（p.21），④自，⑤相＞
1					
2					
3					
4					
5					
6					
7					
8					
9					
10					
11					
12					
13					
14					
15					
16					
17					
18					
19					
20					
21					
22					
23					
24					
25					
26					
27					
28					
29					
30					
31					
32					
33					
34					
35					
36					
37					
38					
39					
40					

Unit6　評価補助簿

［評価方法］①行動観察：行　②発表観察：発　③“Let's Try!2”（ワークシート等）：L.T.　④自己評価：自　⑤相互評価：相　＊可能なら特徴的なことを簡単に記入する。

評価規準		
	知識・技能	身の回りには活字体の文字で表わされているものがあることに気づき，活字体の小文字を知る。
	思考・判断・表現	身の回りのものからアルファベット標示のものを見つけ，アルファベットの文字辞典を作る。
	態度	相手に配慮しながら，アルファベットの文字クイズをしたり，文字について伝え合ったりしている。

各時の評価規準と評価方法		第１時【主に：知識・技能】 アルファベットの小文字を知る。	第２時【主に：態度】 アルファベットの文字クイズを出したり答えたりしようとしている。	第３時【主に：思考・判断・表現】 アルファベットの文字クイズを出したり答えたりする。	第４時【主に：思考・判断・表現】 アルファベット文字辞典を作り，伝え合う。
No.	名前	評価方法＜①行，②発，④自＞	評価方法＜①行，④自，⑤相＞	評価方法＜①行，④自，⑤相＞	評価方法＜①行，②発，④自，⑤相＞
1					
2					
3					
4					
5					
6					
7					
8					
9					
10					
11					
12					
13					
14					
15					
16					
17					
18					
19					
20					
21					
22					
23					
24					
25					
26					
27					
28					
29					
30					
31					
32					
33					
34					
35					
36					
37					
38					
39					
40					

Unit7　評価補助簿

［評価方法］①行動観察：行　②発表観察：発　③“Let's Try!2”（ワークシート等）：L.T.　④自己評価：自　⑤相互評価：相　＊可能なら特徴的なことを簡単に記入する。

評価規準		
	知識・技能	“What do you want?” の表現を使って欲しいものを尋ねる言い方を知る。
	思考・判断・表現	既習の表現を使って，自分の作ったピザを紹介している。
	態度	世界の市場と日本の市場を比べ，違いに気づこうとしている。会話を楽しみながら，積極的にパフェ作り・ピザ作りをしようとしている。

各時の評価規準と評価方法		第１時【主に：知識・技能】	第２時【主に：知識・技能】	第３時【主に：態度】	第４時【主に：思考・判断・表現】	第５時【主に：思考・判断・表現】
		欲しいものを尋ねる言い方を知る。	コミュニケーションを図り，欲しいものを尋ねる言い方に慣れ親しむ。	積極的にコミュニケーションを図り，欲しいものを尋ねる言い方を使おうとしている。	コミュニケーションを図り，欲しいものを尋ねる言い方をする。	既習の表現を使って，自分の作ったピザを紹介している。
No.	名前	評価方法<①行，④自>	評価方法<①行，④自>	評価方法<①行，④自>	評価方法<①行，④自>	評価方法<①行，④自>
1						
2						
3						
4						
5						
6						
7						
8						
9						
10						
11						
12						
13						
14						
15						
16						
17						
18						
19						
20						
21						
22						
23						
24						
25						
26						
27						
28						
29						
30						
31						
32						
33						
34						
35						
36						
37						
38						
39						
40						

Unit8　評価補助簿

［評価方法］①行動観察：行　②発表観察：発　③"Let's Try!2"（ワークシート等）：L.T.　④自己評価：自　⑤相互評価：相　＊可能なら特徴的なことを簡単に記入する。

評価規準	知識・技能	いろいろな教室の言い方や道案内の言い方を知り，日本語との違いに気づいている。
	思考・判断・表現	お気に入りの場所をわかりやすく伝える。
	態度	外国の小学校の様子を知り，日本の小学校との違いを考えようとしている。お気に入りの場所をわかりやすく伝え，楽しみながら道案内をしようとしている。

各時の評価規準と評価方法		第１時【主に：知識・技能】	第２時【主に：知識・技能】	第３時【主に：思考・判断・表現】	第４時【主に：態度】
		いろいろな教室の言い方や道案内の言い方を知り，日本語との違いに気づいている。	外国の小学校の様子を知り，日本の小学校との違いに気づいている。	お気に入りの場所をわかりやすく伝えている。	お気に入りの場所をわかりやすく伝え，楽しみながら道案内をしている。
No.	名前	評価方法<①行，②発，④自>	評価方法<①行，③L.T.（p.32），④自>	評価方法<①行，②発，④自，⑤相>	評価方法<①行，②発，④自，⑤相>
1					
2					
3					
4					
5					
6					
7					
8					
9					
10					
11					
12					
13					
14					
15					
16					
17					
18					
19					
20					
21					
22					
23					
24					
25					
26					
27					
28					
29					
30					
31					
32					
33					
34					
35					
36					
37					
38					
39					
40					

Unit9　評価補助簿

［評価方法］①行動観察：行　②発表観察：発　③ “Let's Try!2”（ワークシート等）：L.T.　④自己評価：自　⑤相互評価：相　＊可能なら特徴的なことを簡単に記入する。

評価規準	知識・技能	時刻の言い方や日課の言い方を知り，日本語との違いに気づいている。
	思考・判断・表現	絵本に出てくる日課を聞き取っている。
	態度	自分の日課を言ったり，友だちの日課を聞いたりしようとしている。クイズの日課を聞き取り，誰のことかを答えようとしている。

各時の評価規準と評価方法		第１時【主に：知識・技能】	第２時【主に：知識・技能】	第３時【主に：態度】	第４時【主に：思考・判断・表現】	第５時【主に：思考・判断・表現】
		時刻の言い方を知り，日本語との違いに気づいている。	日課の言い方を知り，日本語との違いに気づいている。	自分の日課を言ったり，友だちの日課を聞いたりしようとしている。	絵本に出てくる日課を聞き取っている。	クイズの日課を聞き取り，誰のことかを答えている。
No.	名前	評価方法<①行，②発，④自>	評価方法<①行，②発，④自>	評価方法<①行，②発，④自，⑤相>	評価方法<①行，④自>	評価方法<①行，②発，④自，⑤相>
1						
2						
3						
4						
5						
6						
7						
8						
9						
10						
11						
12						
13						
14						
15						
16						
17						
18						
19						
20						
21						
22						
23						
24						
25						
26						
27						
28						
29						
30						
31						
32						
33						
34						
35						
36						
37						
38						
39						
40						

Unit1 Hello, world!　世界のいろいろなことばであいさつをしよう　振り返りカード

月　　日　今日の活動内容２／２〔　　　　　　　　　　　　　　　　〕

	よくできた	できた	もう少し
○自ら進んで活動をしましたか。			
○はっきりした声で話したり，チャンツなどをしたりしましたか。			
○相手の方を見て話したり聞いたりしましたか。			
○自己紹介を進んで発表したり聞いたりできましたか。			

※今日の活動の感想（会話の楽しさや友だちのよいところ，新しい発見等）を書きましょう。

Unit2 Let's play cards.　すきな遊びをつたえよう　振り返りカード

月　　日　今日の活動内容４／４〔　　　　　　　　　　　　　　　　〕

	よくできた	できた	もう少し
○自ら進んで活動をしましたか。			
○はっきりした声で話したり，チャンツなどをしたりしましたか。			
○相手の方を見て話したり聞いたりしましたか。			
○進んでしたい遊びに誘ったり答えたりできましたか。			

※今日の活動の感想（会話の楽しさや友だちのよいところ，新しい発見等）を書きましょう。

Unit3 I like Mondays.　すきな曜日は何かな？　振り返りカード

月　　日　今日の活動内容３／３〔　　　　　　　　　　　　　　　　〕

	よくできた	できた	もう少し
○自ら進んで活動をしましたか。			
○はっきりした声で話したり，チャンツなどをしたりしましたか。			
○相手の方を見て話したり聞いたりしましたか。			
○進んで好きな曜日を尋ねたり答えたりできましたか。			

※今日の活動の感想（会話の楽しさや友だちのよいところ，新しい発見等）を書きましょう。

Unit4 What time is it?　今，何時？　**振り返りカード**

月　　日　今日の活動内容４／４〔　　　　　　　　　　　　　　　　　　　　〕

	よくできた	できた	もう少し
○自ら進んで活動をしましたか。			
○はっきりした声で話したり，チャンツなどをしたりしましたか。			
○相手の方を見て話したり聞いたりしましたか。			
○好きな時刻を相手にわかりやすく発表できましたか。			

※今日の活動の感想（会話の楽しさや友だちのよいところ，新しい発見等）を書きましょう。

Unit5 Do you have a pen?　おすすめの文房具セットをつくろう　**振り返りカード**

月　　日　今日の活動内容４／４〔　　　　　　　　　　　　　　　　　　　　〕

	よくできた	できた	もう少し
○自ら進んで活動をしましたか。			
○はっきりした声で話したり，チャンツなどをしたりしましたか。			
○相手の方を見て話したり聞いたりしましたか。			
○進んで文房具セットのしょうかいができましたか。			

※今日の活動の感想（会話の楽しさや友だちのよいところ，新しい発見等）を書きましょう。

Unit6 Alphabet　アルファベットで文字遊びをしよう　**振り返りカード**

月　　日　今日の活動内容４／４〔　　　　　　　　　　　　　　　　　　　　〕

	よくできた	できた	もう少し
○自ら進んで活動をしましたか。			
○はっきりした声で話したり，チャンツなどをしたりしましたか。			
○相手の方を見て話したり聞いたりしましたか。			
○絵に合う英単語を選んだり，書き写したりすることができましたか。			

※今日の活動の感想（会話の楽しさや友だちのよいところ，新しい発見等）を書きましょう。

Unit7 What do you want?　ほしいものは何かな？　**振り返りカード**

月　　日　今日の活動内容５／５〔　　　　　　　　　　　　　　　　　　　　〕

	よくできた	できた	もう少し
○自ら進んで活動をしましたか。			
○はっきりした声で話したり，チャンツなどをしたりしましたか。			
○相手の方を見て話したり聞いたりしましたか。			
○自分のパフェやピザをわかりやすくしょうかいできましたか。			

※今日の活動の感想（会話の楽しさや友だちのよいところ，新しい発見等）を書きましょう。

Unit8 This is my favorite place.　お気に入りの場所をしょうかいしよう　**振り返りカード**

月　　日　今日の活動内容４／４〔　　　　　　　　　　　　　　　　　　　　〕

	よくできた	できた	もう少し
○自ら進んで活動をしましたか。			
○はっきりした声で話したり，チャンツなどをしたりしましたか。			
○相手の方を見て話したり聞いたりしましたか。			
○自分のお気に入りの場所を相手に伝えられましたか。			

※今日の活動の感想（会話の楽しさや友だちのよいところ，新しい発見等）を書きましょう。

Unit9 This is my day.　ぼく・わたしの一日　**振り返りカード**

月　　日　今日の活動内容５／５〔　　　　　　　　　　　　　　　　　　　　〕

	よくできた	できた	もう少し
○自ら進んで活動をしましたか。			
○はっきりした声で話したり，チャンツなどをしたりしましたか。			
○相手の方を見て話したり聞いたりしましたか。			
○時こくや日課《にっか》の言い方がわかりましたか。			

※今日の活動の感想（会話の楽しさや友だちのよいところ，新しい発見等）を書きましょう。

【執筆者一覧】（執筆順）

菅　正隆（大阪樟蔭女子大学教授）
序文にかえて　本書の特長と使い方
Chapter1，Chapter2・3　Unit のポイント

當麻　裕彦（大阪府千早赤阪村立千早小吹台小学校長）
はじめに

市橋　知沙（大阪府千早赤阪村立千早小吹台小学校）
Chapter2　Unit1，3　Chapter3　Unit1，7

辻　朋美（大阪府千早赤阪村立千早小吹台小学校）
Chapter2　Unit1，3　Chapter3　Unit1，7

大門　賀子（大阪府千早赤阪村立千早小吹台小学校）
Chapter2　Unit2，7　Chapter3

廣野　明子（大阪府千早赤阪村立千早小吹台小学校）
Chapter2　Unit4　Chapter3　Unit4

林　美佐（大阪府千早赤阪村立千早小吹台小学校）
Chapter2　Unit5　Chapter3　Unit5

西川　千春（大阪府千早赤阪村立千早小吹台小学校）
Chapter2　Unit6　Chapter3　Unit6

児島　篤司（大阪府千早赤阪村立千早小吹台小学校）
Chapter2　Unit8

干場　政亮（大阪府千早赤阪村立千早小吹台小学校）
Chapter2　Unit9　Chapter3

畑　久美子（大阪府千早赤阪村立千早小吹台小学校）
Chapter3　Unit2，3

梶原　竜太（大阪府千早赤阪村立千早小吹台小学校）
Chapter3　Unit8，9

【編著者紹介】
菅　正隆（かん　まさたか）
大阪樟蔭女子大学教授。岩手県北上市生まれ。大阪外国語大学卒業後，大阪府立高等学校教諭，大阪府教育委員会指導主事，大阪府教育センター主任指導主事，文部科学省初等中等教育局教育課程課教科調査官・国立教育政策研究所教育課程研究センター教育課程調査官を経て，2009年４月より現職。文部科学省教科調査官時代，日本初の小学校外国語活動導入の立役者。英語授業研究学会理事。
著書に，『『授業力＆学級経営力』PLUS　小学校　外国語 “We Can!１”の授業＆評価プラン』，『同　小学校　外国語 “We Can!２”の授業＆評価プラン』『アクティブ・ラーニングを位置づけた小学校英語の授業プラン』，『成功する小学校英語シリーズ　３年生からできる！モジュールを取り入れた外国語活動START BOOK』（以上，明治図書），『平成29年改訂　小学校教育課程実践講座　外国語活動・外国語』（ぎょうせい）等多数。

【著者紹介】
千早赤阪村立千早小吹台小学校
（ちはやあかさかそんりつちはやこぶきだいしょうがっこう）
〒585-0053　大阪府南河内郡千早赤阪村小吹68-780
TEL　0721-72-7100
URL　http://www.chihayaakasaka.ed.jp/kobukidai-elm/

『授業力＆学級経営力』PLUS
小学校　外国語活動
“Let's Try! 1&2”の授業＆評価プラン

2018年６月初版第１刷刊　ⓒ編著者　菅　正隆
2021年11月初版第９刷刊
著　者　千早赤阪村立千早小吹台小学校
発行者　藤原光政
発行所　明治図書出版株式会社
http://www.meijitosho.co.jp
（企画）木山麻衣子（校正）㈱東図企画
〒114-0023　東京都北区滝野川7-46-1
振替00160-5-151318　電話03（5907）6702
ご注文窓口　電話03（5907）6668
＊検印省略　組版所　藤原印刷株式会社

Printed in Japan　ISBN978-4-18-068724-4